SHODENSHA
SHINSHO

知られざる「吉田松陰伝」

――『宝島』のスティーヴンスンがなぜ？

よしだみどり

祥伝社新書

本書は二〇〇〇年、祥伝社ノンブックとして発刊された『烈々たる日本人』に補筆し、改題したものです。

新書版のためのまえがき

『宝島』や『ジキル博士とハイド氏』の作者R・L・スティーヴンスンが日本のサムライ吉田松陰について書いたという。

一体どうして松陰のことを知ったのか。どんなことを書いたのか――謎は次第にふくらんで、やがて私の頭から離れなくなった。

病弱でありながら、数々の名作を生み出し、多くの作家が憧れる冒険的人生を送った彼。日本の文豪夏目漱石《なつめそうせき》は『予《よ》の愛讀書』の中で西洋ではスチブンソンの文章が一番好きだと書いている。又、中島敦《なかじまあつし》はスティーヴンスンの南太平洋での日記を元に、その魅力溢れる人生を『光と風と夢』という作品にした。

一転地療養を繰り返し、愛する故国に帰れず晩年暮らした小さな島、西サモアのウポル島に眠る彼は、南太平洋の島々が英米独の植民地政策の犠牲になっているのを目《ま》の当たりにして、「植民地政策は現地の人々を愛することから始めなければならない」と訴え、大英帝国に楯突《たてつ》き、追放される寸前までいった。

ドイツでは彼の本は一時期発禁のような状態となったが、サモアに対する政策は改善された。

『宝島』を夢中になって読んだという『ピーターパン』の作者J・M・バリーはサーの称号を貰っているが、片やスティーヴンスンが永遠に無冠である理由は、ここにあるような気がする。

しかしその後、植民地政策を根本から見直さざるをえなくなった英国を見れば、彼の先見性が理解できる。

萩《はぎ》に来て　ふとおもえらく
　いまの世を　救わんと起つ　松陰は誰
　　　　　　吉井《よしい》　勇《いさむ》

江戸末期、松陰の夢は、日本が外国からの辱《はずかし》めを受けない立派な国になることだった。世界からみて恥ずかしくない日本人であること、それが彼の理想であった。

今こそ、日本が辛うじて欧米諸国の植民地にならなかった歴史的意味を考えてみたい。スティーヴンスンの熱いメッセージとともに。

『ヨシダ・トラジロウ』
生きる力を与えてくれる
日本の英雄の話である。　R・L・スティーヴンスン

よしだみどり

二〇〇九年七月

目次

目次

本文イラスト　よしだみどり

本文中のスティーヴンスン家族写真は「ロバート・ルイス・スティーヴンスン・シルヴェラード博物館」（セント・ヘレナ）提供

序章　なぜ、世界最初の吉田松陰伝が英国で

——日本より十一年も早く業績が評価された理由

スティーヴンスンが、なぜ吉田松陰を

一九九八年二月二十七日、曇り空に、薄いピンクの花びらのようなやわらかい陽射《ひざ》しが、時折顔をのぞかせていた。

サンフランシスコからプロペラ機に乗り換えた私は、見知らぬ町モントレーの小さな空港に降り立ったところだ。

早朝、雨が降ったらしく地面は打ち水をしたように清められて、アスファルトの道路さえ美しく光っていた。

そこに一台だけ停まっていたタクシーに乗り、行き先を告げると、運転手は言った。

「すこし前に、雨がやんだばかりだよ。ここでは朝がた、雨が降ってこんなふうにやむとね、午後はいつも素晴らしい天気になるんだ……」

ひとり言のように話しかけてくるのをボンヤリと聞きながら、今、ここにこうして一人でタクシーに乗っている自分が信じられず、はたしてこれは現実なのか、なんとも不思議な気がしていた。

もし、十九世紀のイギリスの小説家、エディンバラ出身のスティーヴンスンに興味を抱かなければ、私はこのモントレーという港町のことも一生知らずに過ごしたかもしれない。

しかも、モントレーという町は、どちらかと言うと、アメリカの作家、スタインベックの作品『缶詰横丁《かんづめ》』の舞台として有名である。

その横丁にある、その名も「缶詰横丁」という名の小さな宿に荷物を置くと、私はさっそく地図を片手に、海岸沿いを歩きだした。

静かなリゾート地らしく穏やかなモントレー湾に、ヨットが美しい白い魚のように肩を並べて浮かんでいる。岩の多い海岸には、鳥類図鑑でしか見たことがないような、珍しい鳥たちの群れが大小取り混ぜて戯れていた。

岩の上で休むアシカは肌が乾く頃になると、思い出したように海に潜り、またスッと岩の上に滑り上って、その艶やかな濡れた身体を自慢気に横たえる。

そして、ときたま大声で「クォーッ、クォーッ」と叫ぶ。と、向かいに見える桟橋のほうから、仲間たちの叫ぶ声がいっせいに返ってくる。

やがて、メキシカン風のサビ朱色の日干しレンガと石造りのカリフォルニアで最古の公共ビルだというカスタムハウス（税関）が見えてきた。一八二七年の建築だという。

左手の波止場の、フィッシャーマンズワーフの入口から漂ってくるおいしそうなクラムチャウダーのスープの匂いを背にして、アルヴァラード通りをまっすぐ上がって行った。

灰色の雲がヴェールを一枚脱いだかのように、空から優しい陽の光が通りをあたたかく照らしはじめていた。

去年、スコットランドのエディンバラに、「レディ・ステアの家」という文学者の博物館を訪ねた。一階はウォルター・スコット、中二階はロバート・バーンズ、地下がR・L・スティーヴンスンと、スコットランドの三大文豪の遺稿や遺品が展示されていた。しかし、目的のスティーヴンスンの遺品はわずかしか置かれていなかった。

私はなんとなく淋しい思いをした。その時、館員の女性も、スティーヴンスンは奥さんがアメリカ人だったので、彼のゆかりの品はサンフランシスコの近くモントレーに全部持って行かれてしまったのですよ、とひじょうに残念そうな顔をしていた。

しかし、あの時はいつか私も、モントレーに行かれたらいいなぐらいに漠然と思っただけであった。彼の生まれ故郷を訪れることができただけで満足していたのである。

それなのに今、私はこうして足どりも軽やかに、モントレーのスティーヴンスン・ハウスの入口に近付こうとしている。地図を頼りに、迷いながらもシモニュープラザを左に折れた。私がこんなにも足早に急いでいるのには理由がある。スティーヴンスンが書いたという吉田松陰を早く知りたいためなのである。

静かな住宅街にある「スティーヴンスン・ハウス」

たった一行が、私の目を釘付けにした

一九九六年、毎日新聞が発行している「毎日小学生新聞」の〃ポエム〃欄に、私は金子《かねこ》みすゞの詩を英訳した『睫毛《まつげ》の虹』を連載していた。

次の連載候補として、『宝島』の作者ロバート・ルイス・スティーヴンスンの詩集で、一八八五年に出版され、当時大反響を呼び評判の高かった『子どもの詩の園』の和訳を依頼されたのが、そもそものの始まりであった。

私は何度も躊躇《ちゅうちょ》した。

彼は『ジキル博士とハイド氏』の作者でもある。子どもの詩集とはいえ、奥が深そうで私の手に負えそうもなかった。

しかし、その年の暮れ、何気なくテレビのスイッチを入れると、突然、私の目の前にスティーヴンスンの顔が飛び込んできたのである。後で分かったことだが、おそらくそれはイギリスBBC放送がスティーヴンスン没後百年を記念して製作した番組だったらしく、NHK教育テレビが放映していたのであった。

単なる偶然なのだが、じつは奇妙な因縁を感じてしまったのである。

翌年、ふたたび翻訳の依頼をいただいたとき、私は深い考えもなく、引き受けてしまっていた。

こうしてスティーヴンスンと巡り合ったのだが、思ったとおり、『子どもの詩の園』は、子どもが分かるようなやさしい言葉で書かれてはいたが、内容はけっして簡単に訳せるものではなかった。彼の人生哲学がいたるところにちりばめられていて、彼の人生そのものを知らなければ不可能だとの思いが強まっていった。

私の格闘がはじまったのだが、スティーヴンスン研究に足を踏み入れてまもなく、ある一行に私の目は釘付けになってしまった。

なんと、彼が吉田松陰のことを書いたというのである。一瞬、信じられなかった。何かのまちがいではないか、そんな思いもしたのである。

松陰は私の大好きな人物の一人でもある。かつて彼に関する本を読んだとき、私は、私たち日本人が彼のような純粋な若者たちの屍《しかばね》の上に立って生きているような気がしてならなかった。

しかし、いったいどうして、スティーヴンスンが吉田松陰と結びつくのだろうか？松陰について、彼はどのように書いているのだろうか？

それからというもの、この興味は尽きることがなかった。

スティーヴンスンが書いた吉田松陰を読んでみたい。家の近くの図書館で調べ、コンピューターでも調べてもらったのだが、それらしいタイトルは見つからなかった。

しかし、乏しい資料の中で、サンフランシスコで出会った日本人から松陰の話を聞いて、感銘を受けて書いたものだという記述を見つけることができた。

そこで、私はいつかサンフランシスコに行けば、何かそれ以上のことが分かるかもしれないと思ったのである。

ガイドの疑問「彼が日本人のことを書いたのですか?」

アメリカ西海岸の太陽が、ゆっくりと顔を出し始めていた。

その昔、メキシコ領であったモントレーの街並にはところどころにその名残りをとどめる古い建物が点在し、歴史ある町を感じさせていた。通りのはずれまで来ると、大きな赤松の木が、屋根の向こうに、まるで背伸びをするかのように顔を出している。

たまにしか車の通りそうにもないモントレーの静かな住宅地の一角に出た。

最初の通りを右に曲がると二、三軒先に、白壁に薄いブルーグレーのペンキが塗られた、こぢんまりとした二階建ての二棟続きの木造の家があった。

同じブルーグレーの木の柵で囲まれた前庭の入口に小さな看板が出ていて、顔を近づけて見ると、「スティーヴンスン・ハウス」と読めた。

大きな柳の木が一本、目印のように立っていて、糸のような枝が微かに揺れている。

静かだった。

エントランスを探して前庭から裏庭に出た。

ビワの木が、両手を広げたように自在に枝を曲げて立っている百坪くらいの庭に出た。

左手に、蔦《つた》の葉が額縁のように取り囲んだ、ガラス格子の嵌《はま》った扉があり、その入口の横に木製のベンチと小さなテーブルがあり、エンピツとノートが置かれていた。

「スティーヴンスン・ハウスに入りたい人はサインをして、十一時にガイドが来るのを待つこと」と書いてあった。

試しに扉のノブを廻してみると、鍵がかかっている。

そして、リストにはまだ誰のサインもない。三十分近く待たなければならない。

辺りはシーンとして、あまりにも静かだ。

私は急に心細くなったが、とにかく自分の名前をサインして、庭を散歩することにした。

あの大きな赤い木肌の松の木はこの庭の隅にあった。

温暖な土地らしく、中央は花壇になっていて、さまざまな花々が咲き乱れ、小さな青紫のスミレの花が足元にまとわりつくかのようにはみ出して咲いている。

ベンチに腰かけてボンヤリと時が過ぎるのを待っていた。

十一時が過ぎ、不安が募ってきた頃、ようやくグレーのズボンに紺のジャケット、係員を示すカードを胸に褐色の髪、黒みがかった茶色の瞳がきれいな、ちょっと小肥りの三十代とも思える女性が足早にやってきた。

見学者は私がたった一人。

彼女はエリザベスと名乗り、説明し案内する時間は十五分間だと言う。

私は胸をワクワクさせながら彼女にしたがって、家の中に入った。

まず彼の全集や初版本が入った大きな本箱の置かれている部屋、その部屋の左手に妻ファニーの友人ドーラが描いたファニーの肖像画、右手にはファニーが描いた若きスティーヴンスンの肖像画が飾られている。次にガラスケースに入った彼が日常使っていたペンやインク壺、ウイスキーを入れる銀製の携帯用ボトルなど、小物類や手紙、写真などが展示された部屋に通された。

エリザベスさんは立板に水の如く、説明書を暗記しているように喋《しゃべ》り、質問する暇も与えなかった。

彼の写真、家族の写真、南の島での暮らしぶりを思わせるポリネシアの布であるカパや木彫りの置物、フランスやサモアの風景画、エディンバラにあったスティーヴンスン家に代々伝わる十八世紀の家具調度品など、想像していたよりは少なかったけれど、私は十分満足できた。

説明がひととおり終わったところで、私は質問した。

「スティーヴンスンが吉田松陰という日本のサムライのことを書いたと言われていますが、

YOSHIDA-TORAJIRO.

THE name at the head of this page is probably unknown to the English reader, and yet I think it should become a household word like that of Garibaldi or John Brown. Some day soon, we may expect to hear more fully the details of Yoshida's history, and the degree of his influence in the transformation of Japan ; even now there must be Englishmen acquainted with the subject, and perhaps the appearance of this sketch may elicit something more complete and exact. I wish to say that I am not, rightly speaking, the author of the present paper : I tell the story on the authority of an intelligent Japanese gentleman, Mr. Taiso Masaki, who told it me with an emotion that does

スティーヴンスン作『ヨシダ・トラジロウ』

どんなことを書いたのかご存じですか？」

「えっ？　スティーヴンスンが日本人のことを書いた？　そんなことは聞いたことがありません」

「サンフランシスコで出会った日本人から話を聞いて書いたらしいのですけれど？……」

彼女は急いでいるようだったが、「ちょっと待っててください、調べてみるわ」と言って玄関の隣の小部屋に入り、コンピューターでチェックしてくれたが、振り向くなり、

「ないわ、そんなことどこにも書いていない」

「そうですか……すみませんでした。どうもありがとう」

私はがっかりして外に出た。彼女がドアの鍵を閉める音が背中に聞こえた。

当てがはずれて、これからどのように調べようかと考えながら、三分ほど歩いたであろうか、ふと考えもなしにもう一度、スティーヴンスン・ハウスに足を向けていた。

もう、誰もいないだろうと思いながら、小さな通りを曲がると、閉まっていた表のドアから突然、エリザベスさんが飛び出してきたのである。

「あら、あなたいいところに戻ってきてくれたわ。私、どうやってあなたを探そうかと今考えていたところよ、あったのよ、日本人の名前が！　あなたが帰ってから気になってもう一度、調べてみたのよ。でも、あなたが言っていた人ではないわ、ヨシダ・トラジロウという人よ、スティーヴンスンが書いたのは……」

「えっ？　ええ、ええ、それでいいんです。トラジロウは子どもの頃の名前です、同じ人です」

「まあ！　よかったわ、もう一度あなたに会えて。でも、どうして戻ってきたの？」

「どうしてか分からない。ただ何となく足が向いてしまったの」

二人とも、同時に笑った。

「あなたにお礼が言いたかったの。私はスティーヴンスンの本はほとんどすべて読んでいたつもりだったのに、今の今まで彼が日本人のことを書いているなんて知らなかったんですもの。これからは、日本人の観光客にもこのことを話すことができるわ、ありがとう」

彼女はその本があるという、町の図書館を教えてくれた。

やっと出会えた『ヨシダ・トラジロウ』

昼食を済ませると、私はさっそく、尋ね尋ねて、町のはずれにある小さな図書館にたどり着いた。

スティーヴンスンの書棚はやっと見つかったが、目的の本は見つからない。

そこでもう一度調べてもらうと、『ヨシダ・トラジロウ』が収められている本のタイトルが判った。

それは『FAMILIAR STUDIES OF MEN AND BOOKS（人物と書物に親しむ）』というタイトルの本で、『ヨシダ・トラジロウ』は、ヴィクトル・ユゴー、ホイットマン、ソロー、フランソワ・ヴィヨン、ジョン・ノックスなどと並んで取り上げられている。

ところが、その本はここにはないという。

隣町のパシフィック・グローヴの図書館に行かなければ手に入らないということであった。

タクシー会社の電話番号を教えてもらって外に出た。

車がたまにしか通らない見知らぬ町で、いいかげんな答え方しかしてくれないタクシー会社に、何度もかけ直す。小さな町なのに、「今、向かっている」と言ってからもう三十分以上もたっている。

やっとタクシーがきた。

今起きたばかりみたいに、髪の毛が乱れた女子プロレスラーのように大きな、白人の中年の運転手だった。

驚いたことに、座席は、子どものジャケット、汚れた運動靴、ポップコーンの空き箱、野球の道具などで埋められており、私はそれらを片づけて、自分の座席を確保しなければならなかった。

タクシーは海岸沿いに十五分ほど猛スピードのドライブをして隣町に着いた。

やはりメキシカンスタイルのさび朱色の屋根に白壁の、パシフィック・グローヴの図書館に着いたのは四時三十分、閉館は五時のはずである。

図書館員に手伝ってもらって、急いで本を見つけ出した。

『人物と書物に親しむ』という本である。

その中の序文とヨシダ・トラジロウの部分だけをコピーし、最後の一枚という時に館内に閉館をしらせる音楽が流れ出した。

女性の館員がやってきて肩ごしにそっと、

「もうお時間です」

と囁《ささや》いた。

通りに出ると、坂の上から夕暮れの太平洋の水平線が目の高さに霞んで見えた。

私はふと、エディンバラのスティーヴンスンの「ナンバー17」の家がある坂の上の通りから眺めた北海を思い出していた。

白い鷗《かもめ》が飛んでいる。

バスの停留所を探し回ったが見つからない。タクシーはまったく通らない。

私の足で歩いたらどのくらいかかるのだろうか、かなり遠い。

黄昏《たそがれ》てきて少し冷たくなってきた海の風に吹かれながら、通りにただ一人佇《たたず》んで、いつくるともわからないタクシーを待った。あたりが少しずつ暗くなり、心細くなって何回もタクシー会社に電話をかけると、ようやく思い出したかのように遠くからタクシーがスーッと一台私のほうに近付いた。

運転手は年輩の無愛想な白人の男性であった。私はくたびれた座席に深く座り込んで考えた。

あんな立派な人々と一緒に収められている本なら、もしかしたら日本の国会図書館で探せば見つかったのかもしれない。モントレーまできて、やっとこんなことに気づいた。どっと疲れが出たが、コピーを胸にして心は熱く、ホッとした充実感で一杯にもなっていた。「缶詰横丁」の民宿に帰ると、夕食を取る時間ももったいなく、私ははやる心を抑えながらスティーヴンスンの『ヨシダ・トラジロウ』を読み始めた。

次の章に、私のつたない訳で申しわけないが、その『ヨシダ・トラジロウ』全文を記載します。なるべく原文に近い訳を心がけたものの、お読みになりにくい部分もあろうかと思います。その点はご容赦ください。

第1章　スティーヴンスン作『ヨシダ・トラジロウ』全訳

――それは感動に満ちた内容であった

ヨシダ・トラジロウは世界の人に知られることになるだろう

このタイトルの「ヨシダ・トラジロウ」という人物は、おそらく英国の読者諸君にとってはまったく知られていない人物だと思う。

しかし、この人の名前はいつか、ガリバルディ（イタリアの愛国の志士）や、ジョン・ブラウン（アメリカの急進的奴隷廃止論者で絞首刑に処せられた）のように、なじみのある名前になる日がやってくるであろう。

近い将来、いつかヨシダの生涯の詳細や、日本の構造変革時（明治維新）に彼が及ぼした影響の大きさを、もっと多く聞くことができるであろうし、現在でさえそのことを熟知している英国人がいるにちがいない。

そして、この草稿が出れば、彼についての、もっと完全で、もっと正確な情報が引き出されることになるだろう。

しかし厳密なことを言わせてもらえば、じつはこの草稿の本当の著者は私ではない、ということをここで前もってお断りしておきたい。

なぜなら、この話は教養のある日本人の紳士、マサキ・タイソウ氏が彼の尊敬する人物を感動的に私に語ってくれたものだからである。

文案を彼に送り、校訂してもらい、私も多少は苦心して書いたのだが、それでも完璧とはいえず、ヨシダの人生についての「大要」にすぎない。

彼は日本にあって国防を第一に考えた

ヨシダ・トラジロウは、長州の兵学師範を世襲する家の後継ぎであった。

彼の名前を発音するには、各音節はフランス語のように等しくアクセントを置き、母音はイタリア語に近く、子音は英語のように発音する（ただし、〝J〟は例外でフランス語の〝zh〟のように発音する）。

ヨシダは、古典とも言うべき漢学と、父親の専門である兵学に精通していた。なかでも、築城学は彼の好きな学問であった。そして、子どものころからの詩人でもあった。

彼は、聡明で、元気がよく、愛国心をもって生まれたのである。

彼の最大の関心事は、日本の置かれている状況であった。

日本にとっての将来、そのより良い姿を描くためには、日本の現状を知ることが大切だと考えていた。そのために彼はどんな機会も逃さなかった。

若いころの英雄のすべてがそうであるように、彼も、明日の日本を築くという目的を達成するために、勇敢に自力で、時には三日間の食糧だけを背負って、徒歩で絶えず見聞を広めるための旅に出た。調査した日本の状況をすべて詳細な日誌に書いたのだが、残念ながら、これらの記録は残されていない。

ヨシダという人物の性格から推察すると、その誌《しる》されたものの価値は、あらゆる点において人々の期待に応えるものであったであろう。彼が書いたこれらの日誌が失われてしまったということは、大袈裟に言うのを控えても、大きな損失だと言わざるをえない。

彼が日本の隅々まで、苦労しながら探検の旅を強行したことは、いまなお日本人のすべてにとってすばらしいことなのである。

教養のある紳士は、温かいもてなしを受けた時は、返礼の挨拶の詩を残して立ち去るという習慣が当時の日本にはあった。

私にヨシダの話を聞かせてくれたマサキ氏の友人の一人が、日本の辺鄙《へんぴ》な土地で、ヨシダが書いた詩文を発見したということからも、彼がどれほど熱心に探検したか、そのすばらしさが分かる。

このマサキ氏の友人も、同じように立派な志を持って旅した人であったという。

政治とは、必ずしも前もって勉強する必要がないと考えられている、たった一つの職業なのかもしれない。

しかし、ヨシダはそういうふうには考えなかった。

彼は、地方の同志たちの窮状を、できるだけつぶさに見てまわった。ただ単に改善策を提案するためではなく、あたかも本を書くような熱心さで調査をし、研究した。

誠意と徹底の士、ヨシダにとって、この見聞を広めるための調査の旅はきわめて物悲しいものとなった。

彼がこの旅で感じた現状に対する不満は、その後、改革の運動に身を投じていった激しさが証明している。

そしてヨシダは、他の人なら落胆してしまうようなことでも、達成しようとする目的のために勇気を奮い起こすことのできる人物であった。彼が兵学の理論を講じたときに、彼の頭の中に、第一にあったのは日本の防備ということであった。

日本の国は外からの攻撃に対して弱体であった。それは外国の大きな軍艦の艦隊がやってきて、日本を軍事力で包囲したやり方を見れば、当時、夷人《いじん》たちが日本に対していかに優勢であったかということがよく分かる。

しかし、ヨシダの愛国主義は、まったくくつがえされたともいえる形をとるのだ。彼は、これらの優勢な列強の夷人たちを愛国心でもって追い払おうとした。しかし、その行為が、かえって彼らの文化を導き入れることに役立った。それが現在の日本の新しい時代にとって、彼の功績の一つにさえなっている。

外国と対等、そして文化を共有する

自己の高潔な志に忠実な人間は、いつも最終的には認められる。最高のもののために闘った人として認められるのである。

自ら悟りをひらいた人には、ひとつ事の成就はそれだけで終わらない。次のことへと導かれるものである。ひとつの結果が原因となって事が発展してゆく。日本を取り巻く外国人たちの勢力と知識は、二つとも引き離すことのできないものであった。ヨシダは彼らの軍事力を羨ましく思うと同時に、彼らの文化をも羨望するようになった。

それは、第一に彼らと対等になりたいという望みから生まれ、第二にはその文化を共有したいという望みが湧き起こったのである。

かくて、ヨシダは京都の防備を強化するための、新しい計画についての著書の中で、防備に関することだけでなく、京都の町に外国人の教師たちによる大学の創立を提議しているのである。

他国の悪いところを除いて良いところだけを取り入れ、夷人《いじん》たちの知識を得て日本を利し、しかも、日本の芸術や美徳が他国から侵されないようにと願ったのであろう。

しかし、彼の考えがどんなに的確なものであったとしても、その達成のための手段は、あきらかに困難なものであった。

日本を脱出して、新しい世界の現場で、他国の文明を学ばなければならない。確かな目と理解力のある誰かが、これを果たさなければならない。そのためには、役人が監視している一線を突破しなければならない。

そんな仕事に、ヨシダをおいて他に適任者がいるであろうか？

彼は恐れはしなかったが、危険を伴わずにできることではなかった。

周到な準備と深い洞察力が必要であった。

ちなみに、彼が幼少のころから修得してきたことは、日本のもっとも優れた文化を身につけることではなかったか？　何回もの調査旅行で、観察能力と観察する習慣とを体得することではなかったか？

ヨシダは弱冠二十二歳ではあったが、ペリー提督《ていとく》が江戸近くで碇泊《ていはく》しているというニュースが長州に伝わったとき、彼の頭の中には、これらのことがすべて明確な答えになっていた。

さて、そこで、憂国の士の出番がやってくるのである。

佐久間象山《さくましょうざん》とトラジロウとの運命的な出会い

長州のサムライたちの中で、とりわけ大名の顧問役《こもんやく》の中で文明開化していた人たちは、ヨシダの一般教養やその見識を高く評価し、熱心に受け入れようとしていた。

彼らだけではない。この人物の予言的魅力と、明るい光を発散するかのような説得力は、多くの誠実な信奉者を得ていた。

こうして、彼は郷里の藩政府に、強い影響力を持つにいたった。

そこで彼を支持する顧問役の人たちの特別の計らいによって、ヨシダは江戸での仕事に従事するという、ある種の口実を得て、やっと所属する領地を離れることができたのである。

彼は江戸へと急いだ。だが、江戸にたどり着いてみると、時すでに遅し、ペリーはもはや錨《いかり》を揚げて出帆してしまい、アメリカの艦隊は日本の海から姿を消していたのだった。

しかし、ヨシダは困難な仕事に着手した以上、後戻りするような男ではなかった。

彼はこの試練の新たな局面に立ち向かった。

ああ、神よ、彼にその試練をやり遂げさせ給え。

そうして、次なる機会に向かってすぐ行動できるようにと、彼は公職を辞し、江戸に残ったのである。

この行動は、上司である長州の大名に対して、ある姿勢を示したものだったが、このことの内容に関しては、残念ながら、私は十分に説明することができない。

ヨシダは、封建社会の反逆児、禄《ろく》のない浪人になってしまったのだった。

つまり、もし郷里に足を踏み入れたなら、すぐに囚《とら》われてしまう身の上となっていた。

マサキ氏からは、このことに関して「先生の本心は忠誠を破ろうとしたということではありません」と私は注意を受けた。ヨシダはただ、主君が旧臣の行為に対して、幕府から責任を負わされることがないように、自ら主君を離れ、遠隔の地に身を置いたのだった。

これには何か、私の理解を超える封建的慣習の細やかな情が存在しているのだろう。

さて、江戸でヨシダは、国家組織の中では、なんとも説明のつかない身分のまま、生活する手段を絶たれていた。しかし、彼の構想に共鳴する人々には嬉々として迎えられ、生活を支えられた。

その一人が、将軍の顧問役の一人である人物の家臣、サクマ・ショウザンであった。

このサクマから、ヨシダはお金以上のもの、お金では買うことのできないものを得た。世界の動向に慧眼《けいがん》を持ち、堅実で尊敬すべき人物、サクマは自らは偉業を成し遂げることはできなくても、それをやり遂げることができる人々を心から賞賛する人物の一人であった。そして後世の歴史が、彼らに感謝するであろうと信じる人々の一人でもあった。

サクマのような人々はおそらく、私たちが想像する以上に、この偉大な人たちを援助し、また扇動したことだろう。

夜になると主イエス・キリストを訪ねたニコデモ（パリサイ人。キリストの隠れた弟子）を思い出す。

そして、サクマはヨシダに単に精神的支持を与える以上に、もっと実質的な援助を与えることができた。なぜなら彼は、オランダ語を読むことができ、自分の知識を伝えたいと切に願っていたからである。

かくて、若き浪人・ヨシダが江戸で学んでいる間に、長崎にロシアの軍艦が来たという知らせが入った。

ぐずぐずしてはいられなかった。

サクマは、ヨシダに長い激励の詩を餞別として贈り、長崎へ徒歩での旅路に出発させた。彼の行く手には故郷の長州が控えていたが、彼は捕らわれないように用心して、藩政府の首府から遠い南の街道を通ることにした。

詩を作ることに堪能であった彼は、トルヴェール（十二世紀のフランスの吟遊詩人）のように自活の旅をした。

トラジロウは成功するために闘ったのではない

ヨシダは、詩文で時代を教えようとした。先達者となるように、作品を携帯して行ったのである。

町に着くと有名な武芸者の家や、漢学者、文化的知識のある家々を訪ねて、面会を求めた。

そこで彼は、自分の学識の一端を披露することによって招じ入れられ、もてなしを受けた。

そして、彼が去った後には、彼が書き贈った返礼の詩が残された。

このようにして、彼は発見の旅を、中世の吟遊詩人のような旅をつづけながら一躍十九世紀へと飛び出して行ったのである。

ヨシダが長崎に着いたとき、またしても間に合わなかった。ロシアの艦隊は立ち去った後だったのである。

しかし、このような不運にもめげず、彼がこの旅で得たものがあった。

それは滞在中に、オランダ人の通訳として、彼らと交渉する機会を持った下級武士たちから、断片的ではあるが情報を集めることができたからである。

ヨシダはいぜんとして決意に満ち溢れ、来たときと同じように徒歩で江戸に戻った。

度重なる失意の中で、それでもなお、彼を支えていたのは、彼の若さと勇気ばかりではない。増え続けていた新しい多くの門弟たちの存在も、彼を勇気づけていたのである。

コロンブスや、ブルース（イギリスの探検家で青ナイルの水源を探検した）のような不撓《ふとう》不屈《ふくつ》の精神を持っている男が、柔軟な心をも合わせ持っているところに、ヨシダの独特のものがある。

彼は世間が言うところの、成功を得るために闘ったのではない。進歩を勝ち取るために闘ったのだ。

ヨシダの行く手をあらゆる手口で阻《はば》んでみたとしても、彼は必ずや出口を見つけ出し、それを打破して突進するだろう。

しかし、一度ならず二度も艦船に乗り損《そこ》ね、成し遂げようとする彼の目的は依然、足踏み状態であった。

しかし、より良い日本の未来のためには、彼が啓蒙できる日本人が一人でもいるかぎり、ヨシダは日本のために働いていると感じることのできる人間であった。

驚くべき日本の一般庶民の道徳的美点

さて、やっとのことで長崎から江戸に帰ってみると、彼を探し求めていた新しい、もっとも前途有望なる者が一人やってきた。

それは、庶民階級の染物師の家に生まれた足軽で、ヨシダの運動を漠然と噂に聞いて、その計画に対し、好奇心に満ちてやってきた人物だった。

（スティーヴンスンの原書には、注として次の七行が小さい字で書かれています）

ヨシダは、長崎に行く途中、この足軽に出会い道端で話をした。そして彼らは別れた。しかし、足軽は立ち話に聞いたヨシダの言葉に衝撃を受け、ヨシダが長崎から戻ると彼を捜し出し、その立派な目的のために生命を捧げる覚悟を彼に宣言したのだった。

マサキ氏がこの話をしてくれたとき、私はそばにいた。しかしいまマサキ氏がいないので、あえてこの訂正を書き入れるしだいである。F・J

そして、私スティーヴンスンは、この二つの話のどちらが正確なのか説明してくれる人物がいないので、両方の話を記述せざるをえない。R・L・S

その足軽は、サクマ・ショウザンや長州の大名の顧問役たちとはまったく違った探究者であった。

　足軽である彼は二本差しの武士ではないばかりか、書物を読んで教養を身につけた者でもなく、文明の遅れた慣習の中で生まれた、田舎出身の普通の庶民であった。ヨシダの短い生涯の中で、いかなる逆境にも失せることのなかった感化力、燦然《さんぜん》と光を放つ彼の説得力が、立派な学識のある者に対してだけではなく、足軽の心をもとらえ、魅了し向上させてしまったのである。

　この足軽は、すぐに熱中し、心を燃やした。彼はただひたすら、師の出現を待ち望んでいたのだった。

ヨシダのこの新しい思想は、彼の心をたちまち捉《とら》えるものがあったのである。足軽もまた、日本を改革し、国力をつけるための知識を持ち帰るために、異国の見知らぬ土地に行きたいと願ったのだった。

ヨシダは足軽に、より十分な準備をさせるために、熱心に漢学を教え、彼は心から学んだ。

このことはヨシダにとって、最も誇りとすべきエピソードであるが、このことからその足軽のみならず、日本の一般庶民が持っていた受容力と道徳的美点は高く評価されるべきだろう。

ユリシーズに匹敵するトラジロウの行動力

そうこうしているうちに、ついにペリー提督が伊豆の下田《しもだ》に引き返してきた。

友人たちはヨシダを援助し、協議し、励ますために彼のまわりに集まってきた。ある者が、彼に三フィート（約九十センチ）もあるひじょうに重たい刀を贈り、歓喜の中で、時の人となったヨシダは、これからのさすらいの旅路の全行程にこの刀を持ち歩いて、必ずや長旅を共にした記念の武器として、これを日本に持ち帰ると誓った。

漢文で書かれたアメリカの士官たち宛ての、長い書簡が用意された。

それをサクマが再点検し、漢文は修正され、「ウリナキ・マンジ」という名前でヨシダが署名をし、「イチギ・コダ」という名前で足軽が署名をした。

ヨシダは見聞録を書くための用具をたくさん調達し、準備した。

彼の衣服には、偉大で幸せな日本の国を建設するための観察記録を、一杯にして持ち帰れるように、たくさんの用紙が詰め込まれていた。

かくて身支度を整えた移民の二人連れは、徒歩で江戸を発ち、夕暮れ時に下田に着いた。

ヨーロッパの歴史のどの時代においても、この勇敢な二人の日本人のように、畏怖《いふ》や恐怖をものともしないで、旅ができたヨーロッパ人を頭に思い浮かべようとしても、浮かんでこない。

地獄へ行ったユリシーズの血を受け継ぐ者の旅が、果敢な極地探検の旅よりも、もっと近く、これに匹敵するものかもしれない。

なぜなら、彼らの行為は先例がなく、しかも当時の国禁を侵すものであり、人間社会の枠を超えて、悪魔の国へと彼らを旅立たせるようなものであったからである。

いざ、ペリーの船へ。……しかし

ヨシダと足軽が、自分たちの置かれている異常な状況を考えて、ぞっとして身震いしたとしても、それは無理もないことである。

足軽は、次の二行の漢詩、これはおそらく彼ら二人の心情にぴったりの詩を朗誦した。

ここで私たちは彼がヨシダから学んだ成果の一つを知ることができる。

　今夜知らず何《いず》れの処《ところ》にか宿せん
　平沙《へいさ》万里《ばんり》人烟《じんえん》を絶《た》つ（唐の詩人・岑參《しんしん》の「磧中作《せきちゅうノさく》」の二句）

海岸沿いの海の音が耳障《みみざわ》りな小さなお寺で、二人は休息をとるために横になったが、すぐさま深い眠りに落ちて行った。

そして、目覚めたときはもう、東の空は白々と夜が明けていた。

日本の地から彼らが眺める最後の朝であった。

彼らは、漁師の小舟を奪い、漕ぎ出した。

潮の干満のため、ペリーの艦隊は遠く沖合に浮かんでいた。

彼らがペリーの旗艦に乗り移るためにとった非常手段は、その決意をよく表わしていた。彼らは船にしっかりとしがみつくやいなや、戻ることができないようにするために、彼らの小舟を直ぐに足で蹴り放してしまったのである。

さて、これで読者はすべて首尾よくいったと思ったかもしれない。

ところが、ペリー提督はすでに幕府と条約を結んでいたのである。その条約の一つに、日本から脱出しようとするいかなる日本人も援助しないこと、という規定が含まれていた。

ヨシダとその連れは、下田の番所に囚人として引き渡されてしまった。

封建制度に対する反逆者でもあった

その夜、真っすぐ横になるには短く、立つには低すぎる独房に入れられたヨシダは、いったい眠ることはできたかどうか、とにかく夷人の寝床の不思議さを発見したことだろう。

彼らの落胆は解説することができないほど、惨めなものであった。

サクマは筆跡によって連坐させられ、家郷に送られ幽閉の身となったが、まもなく釈放された。

吉田松陰と萩の松陰記念館

ヨシダと足軽は長い間、囚われの身となって悲惨な境遇に陥ってしまった。

そして、足軽のほうは、そのまま獄舎で皮膚病に罹《かか》り死んでしまった。

しかし、ヨシダ・トラジロウのような人物は、そうたやすくは捕《とら》えられたり、幽閉されたままでいたりはしない。たとえ、バスティーユの牢獄に監禁しようと試みたとしても、無駄なことである。

彼のような魂の持ち主は、不遇によって打ち砕かれたりはしない。

彼は不屈の精神で、牢獄の中でも、藩政府に対して上書を書き、自分の考えを広めるための論文を書いた。

獄につながれた者が上書を書いたり、論文を書いたりすることは禁止されていたが、彼には常に看守が味方をしたために、論文によって彼の考えを伝えることは困難なことではなかった。

幕府は次から次へと、ヨシダを別の牢屋に移し替えたが、むだだった。幕府のこのやり方は、新しい思想の伝播《でんぱ》をただいっそう、早めたにすぎなかった。なぜなら、それはヨシダにとっては、人を改宗させるために、ただ新しい所へ移っていくだけのことを意味していたからである。

このように、彼は捕えられ、投獄されても国中に同志を確立し、その数を増やしていった。

何度も、より小さい獄舎に移された後、ついに将軍管轄《かんかつ》の牢獄から、主君である長州大名の管轄の獄舎へと引き渡された。

私が想像するに、彼はおそらくこの時点で、日本を脱出する試みをした罪の刑期を終えていたのではないだろうか。そして今、封建制度に対する反逆者として、あるいは一人の浪人として、より軽い罪で地方政府に引き渡されたのではないかと考えられる。

なぜ、彼の字は乱れているのか

郷里に転獄されたこと、それはヨシダにとって、重要な意味を持っていた。

長州大名の顧問役の中の、彼の崇拝者たちの取り計らいによって、彼は内密に自宅で蟄居《ちっきょ》する特権を許されたからである。

自宅では、仲間の改革推進論者たちと意見交換をし、教育の仕事にも従事しようとして、少年たちの育成を引き受けた。

だからといって、ここで自由の身になったと錯覚してはならない。

彼は自由になるには、あまりにも目を付けられすぎていた。

おそらく、私たちが言うところの警察の監視下にあって、ある小範囲に限定されて暮らしていたのであろう。

それでも、彼のように、たとえ閉じ込められても、多くのことをなす人物にとっては、この生活は広く、しかも得るものの多い自由な日々であったであろう。

マサキ氏にヨシダと個人的に接触する機会が与えられたのは、このような時期であった。

この出会いがあったからこそ、当時十三歳の少年の眼を通して、私たちはこの英傑の性格や習慣をよく知ることができるのである。

ヨシダの顔は、痘瘡《とうそう》(天然痘)のあとのアバタで滑稽《こっけい》なほど醜かった。

本質的につつましい生活をしていたが、身の回りのことはだらしないと言っていいほど、まったくおかまいなしだった。着ているものは粗末で、食事や洗面の時には、袖で拭いたりしていたという。

そして、その頭髪は二カ月に一回以上結われた例がなく、しばしば見るに耐えないほど乱れていたという。

このような姿を思い浮かべると、彼が結婚をしなかったということを信じるのはたやすい。

言葉づかいは激しく乱暴であったが、振る舞いは穏やかで、立派な先生であった。講義が門下生の頭には難解で、さっぱり解らない時、彼らがポカンと口を開いたままでも、またしばしば笑い出す時も、平気でそのまま放置し、気にもとめなかった。

教育に対して情熱を傾けていたからこそ、自然の疲れによる休息までも彼は惜しんだ。本を読んでウトウトしてくると、それが夏のことであれば、袖の中に蚊を入れてみたり、冬であれば履物を脱いで雪の上を裸足で駆けてみたりした。

彼の書く字はひどい字で、詩人であるのに、優雅というものをまるで理解していないかのようであった。

美しく字を書くことが代書屋の仕事ではなく紳士のたしなみとして、賞賛される日本という国においてのことである。しかし、事態の切迫と確信の激烈さとが、彼を激しくゆさぶり、字が乱れても気にとめていられなかったのであろう。

ヨシダは賄賂《わいろ》に関しては、その素振りでさえ黙認はしなかった。

なぜなら、賄賂は近隣の国々と同じように日本でも、多くの悪の根源であったからである。

ある商人が息子を教育してもらいにやって来て、慣習として少し賄賂を添えると、ヨシダはその商人の顔にお金を投げつけて憤慨し、激しく非難したので、その事件は塾生たちにたちまち知れ渡った。

この商人は自分にはない能力を、息子に得させるための教育を受けさせようと、陰で努力していたのだと私は解釈している。（F・J　注）

優雅とは無縁であったトラジロウの激情

マサキ氏が彼を知った当時はまだ、ヨシダは牢獄での辛苦のせいで、身体がひどく弱っていた。

それでも、菜園に土掘りに行くとき、あの贈られた三フィートの重い刀を苦労しながらも、いつも帯刀して行ったという。

こんなところが、人の心を動かすヨシダという人物の特質かもしれない。弱い人間なら、失敗の記念でしかないこの刀を、見たくもなかったであろう。

しかし、「勇気をもってしたことの結果が悲劇的であったとしても、その失敗は成功となんら違いはない」という、ソロー（アメリカの思想家）と彼は同じ考え方の持ち主であった。ヨシダは熱烈に未来への夢を抱いていたことを、当惑もせず回想することができた。たとえ成り行きが予想に反して、目的を達成することができないと分かったとしても、それはただ、別の目的のために、より一層の努力をする勇気を持つ理由になっただけであった。

たとえ、夷人《いじん》の国へ刀を携えて行くことができないにしても、すくなくともその刀はすべてを日本のために捧げた生涯の、証拠ともなるべきものである。

これは塾生精神とは無縁のところで、彼ら塾生たちの目に映っていたヨシダの姿である。

優雅さをこれほど気にも留めない男は、少年や女性たちに一顧《いっこ》だにされなかったであろう。実際、私たちは多かれ少なかれ学校に行った経験があるから、ヨシダが弟子たちに物笑いの種にされたことに驚きはしない。

学生というものは、ユーモアの感覚が鋭い。学生は書物によって英傑たちを理解し、崇拝するのである。

しかし、同時代の人に対しては、その人が英雄としての特徴を持っていても、口論し、泥に汚れた衣服を着た風変わりな先生の中に、けっして英雄らしさを認めようとはしないものである。

勇気ある者を断頭台に、……これが権力

やがて年月を経るにつれ、ヨシダの門下生たちは理論的に純粋な人物を自分たちの周りに探してみても無駄なことを知った。ヨシダ以上の人物はいなかったのである。ヨシダの教えの意味をますます深く理解し始めると、彼らはこの滑稽《こっけい》な先生を、人間として最も高潔な人物として敬慕するようになったのである。

この短くも内容豊かな生涯の最後の幕は近づきつつあった。

彼の仕事のいくつかはすでに成就していた。

というのは、長崎にはオランダの教師たちが入ることを許されていたし、日本の国全体としては新しい学問を熱心に求めるようになっていたからである。ヨシダたちによる、日本のルネサンス（復興運動）は、始まったばかりとはいえ、将軍の権力によって妨害され、危険に脅かされていた。

大老――後に護衛されながらも、雪の中で暗殺された――は、オランダ人の所に学びに行こうとする生徒を差し止めたばかりでなく、監視したり捜査して彼らを投獄し、死に至らしめるなどして、日本の最も聡明で活動的な人物たちの数を、減らし続けていた。

それは、権力が崩壊する最後の行程にはよくある話だが……、学識ある者を投獄し、勇気ある者を断頭台に乗せて、あとに羊とロバ以外、何も残らなければ、その国は救われるというつもりなのだ。

しかし、一個人が革命に立ち向かえると考えてはならないし、ましてや一大老がいかに護衛で身を固《かた》めたところで、ヨシダや彼に従った侍のような人物たちを生んだ国を制御できようはずもない。

ローマ初期の伝説的な人物タークィン大臣の暴虐は、主君の不法行為に、人々の注意を向けさせるのに役立っただけであった。

つまり人々は、彼らの忠誠心を、江戸の将軍から、京都に閑居し長い間忘れられていたミカドのほうに向け始めたのであった。

その結果かどうか、この重大な局面に、この両支配者の関係は緊張が高まり、将軍の老中は、正当な君主に対してさらに公然たる侮辱を加えるために京都に向かった。

これは、事の進行を早めるのにふさわしい出来事であった。ミカドをお護《まも》りすることは一種の宗教であったし、まったく非道な権利侵害に反対することとは、明らかに政治的正義による行為であった。

ヨシダにとっては行動を起こす時がやって来たように思われた。

しかし、彼自身は、まだ長州で幽閉されていた。

彼の知性のみが、自由であっただけである。しかし、彼はその知性で、老中に対する刀を磨いていた。

彼に従うその一門は、江戸から京都に向かう道すじにある村で、この圧制者を待ち伏せして、請願書を差し出し、切り殺すつもりであった。

しかし、ヨシダとその友人たちは厳しく監視されていた。二人の共謀者、十八歳の少年ノムラとその兄にとってはあまりにも重すぎる討伐の旅であった。当局の疑惑を引き起こしてしまったのである。逮捕され、その陰謀のすべては露見し、関与したあらゆる者が逮捕されるにいたったのである。

ヨシダ・トラジロウは江戸に連行され、再び厳重に監禁される状態となった。

トラジロウとともにあった謎の獄中人物

この最後の試練の時にいたっても、まったく支持を得られなかったわけではなかった。隣の独房には、南国薩摩《さつま》の山地から来た改革者の一人、クサカベがいた。

彼ら二人は、まったく異なった陰謀計画で投獄されていたのだが、意図することは同じであった。

彼らは、日本のために同じ信念と大志を抱いている気持ちを分かち合った。

牢獄の壁を通して、多くのことを長い間語り合った。そして、その深い共感は直ぐに二人の心を一つにした。

クサカベの運命が先に、奉行たちの前で審理されることになった。

そして、判決が下ると彼は、ヨシダのいる独房の窓の下を通って、処刑場に引かれて行った。

ヨシダのほうに顔を向けたなら、彼も同志の囚人として連座させられたであろう。クサカべは、ヨシダにチラッと視線を投げかけただけで、大きな声で次の二行の漢詩を吟じて、別れの挨拶をした。

大丈夫《だいじょうぶ》寧《むし》ろ玉となりて砕《くだ》くべし
瓦《かわら》となりて全《まっと》うすること能《あたわ》ず（中国・北朝の北斉《ほくせい》詩）

かくて、薩摩の山育ちのクサカべは、この世という舞台から姿を消した。彼の死は、古代の立派な人物の死のようであった。

まもなくヨシダも評定所へ姿を現わさなければならない。彼の最期の場面は、それまでの生涯にふさわしい有終の美を飾るものとなった。

彼は、一般の見物人たちに訴える機会を捉えて、彼らに自分が描いた日本の輝ける未来について語った。彼らの国の歴史の教訓を、傍聴する人々に朗誦し、ついに将軍の権力の不法行為とその権力の行使による幕府の汚点となるべき犯罪的行為について、切々と説いたのである。

こうして一度だけ、言うべきことを述べると、彼は引き立てられ、処刑された。三十一歳であった。

軍事工学者、冒険的旅行家（少なくとも願望として）、詩人、憂国の士、教育者、学究の徒、改革の殉職者――たとえ七十歳まで生きることが出来たとしても、これほど多岐《たき》にわたって自国のために仕えることの出来る人物は多くはいない。

彼はその思想の面で、思慮深く先見の明があったのみならず、その実行の面でも、確かにもっとも情熱的な英傑の一人であった。

紛《まぎ》れもなく、彼の看守であった人々を感服させ、意のままにすることが出来た能力、燃えるような衰えを知らない熱意、敗北に屈しない一徹ぶり……そのいずれが最も顕著《けんちょ》であるかを言い当てるのはむずかしい。

高潔な名を忘れてはならない

ヨシダ・トラジロウが挑《いど》んだ個々の特殊な計画はいずれも失敗に終わったが、総体的な彼の成功は、彼の国を見ればそれがいかに完全であったかが分かる。

今では十二年ほど前のことになるが、決定的な変革の際には、その指導者たちの多くが彼の同志や門下生たちであった。

また、彼らの多くは日本の為政者《いせいしゃ》たちの中でも、高い地位にあり、あるいはこの間まであった人々である。

そして私たちの周りに、一風変わった異国の雰囲気を漂わせている、聡明で元気のよい留学生たちを見かけた時は、思い出してほしい。

ヨシダが徒歩で長州から江戸へ、江戸から長崎へ、長崎から再び江戸へと引き返したことを。彼が見聞録を書くための筆記用具類を衣服に押し込み、いかにしてアメリカの船に乗り込んだかを。牢獄にあっても、けっして感傷的にならなかったことを。

そして、生まれた国のために、彼の人生と体力と時間のすべてを捧げて、ついには命をも投げ打ってまで得ようとしたものは、今日の日本が広く享受《きょうじゅ》し、大いに恩恵に浴しているものであることを、忘れてはならない。

サクマのように、ただ自分だけ助かろうとする人物よりも、ヨシダになって消え去るほうがよい。

薩摩のクサカベはこう言った。

「大丈夫寧ろ玉となりて砕くべし」と。

ここで私は、一言付け加えておかねばならない。

これは一人の英雄の話であると同時に、英雄的な一般の人々の話でもあることを、読者が気づいてほしいからである。ヨシダのことだけを脳裏に刻み込むだけでは十分ではない。私たちはあの足軽のことも、クサカベのことも、また、熱心すぎて陰謀がばれてしまった長州の十八歳の少年・ノムラのことも、忘れてはならない。

これらの気高い志の紳士たちと同時代を生きてきたということは、気分がワクワクするようなすばらしいことである。

宇宙の比率で語るとすれば、たった二、三マイル離れた所で、私が学校で授業をのらりくらりと受けているころ、ヨシダは眠気を覚ますために自ら蚊に刺されていたし、あなたが所得税の一ペニーを出し惜しみしているころ、クサカベは高潔な名言を吐いて死に向かって歩んで行ったのである。

第2章 誰が文豪に松陰のことを教えたのか

――維新の群像たちが求めていたもの

スティーヴンスンが生きた時代とは

スティーヴンスンはなぜ吉田寅次郎、つまり松陰に興味を抱いたのであろうか？

子どもが大好きだったスティーヴンスンが、折りに触れて子どものための詩を書き始めたのは、友人で編集者のヘンリーがしきりに勧めたからであった。ヘンリーは英国の人気絵本画家ケイト・グリナウェイに、スティーヴンスンの詩の挿し絵を頼もうとしていた。

当時英国では後の日本の児童文芸雑誌『赤い鳥』のように、一流の詩人、作家、画家らによって作られた童話や童詩が人気を博していた。子どもたちに芸術的価値の高い作品を与えたいという、大正時代の「赤い鳥運動」も、じつは鈴木《すずき》三重吉《みえきち》らが英国など海外の新しい教育思想や芸術運動に触発されて生まれたものであった。

明治三十六年生まれの金子《かねこ》みすゞの詩を、イギリスのクリスティナ・ロセッティの詩のようだと評価した西条《さいじょう》八十《やそ》は、これも後で知ったことだが、スティーヴンスン詩集『子どもの詩の園』六十五編のうち、十数編を訳している。

そして雑誌『童話』に詩を投稿していた金子みすゞの作品に対して、西条八十は「金子氏の『おとむらひの日』には、相變らず氏獨特のものが光つてゐて嬉しかつた。當代の童謠作家の數はかなり多いが、かの英國のスティーヴンソンのやうな子供の生活氣分を如實に剔抉《てつけつ》し来る作家は殆ど皆無と云つていい」（「童話」大正13年2月号・コドモ社）と書いていた。

師の八十が見抜いていたように、みすゞは、スティーヴンスンの世界観、つまり弱き者や小さきものの立場からものを見る、ということを肌で感じ取ることのできた詩人であった。

私は知らず知らずのうちに、金子みすゞの詩の源流ともいえるスティーヴンスンにたどり着いていたのであった。

しかもみすゞの郷里は山口県長門《ながと》市仙崎《せんざき》、彼女もまた、松陰の教えを学んだ長州人の一人であり、日本海を眺めて育った人だったのである。

『子どもの詩の園』に収録されている詩のほとんどが、スティーヴンスンの子どものころの実体験である、ということを知ったときは、すこし驚いた。しかし、彼に対する興味はますます深くなっていった。

この詩集はスイスの結核保養地やフランスのイエールで、少しずつ書きためられていた。彼は身体をこわしていて、生死をさまよう状態の時もあった。そんな時は、口述筆記をした。また、喀血しやすく口が利けない時は、小説よりもペンを持つ負担の軽い詩を書いていたのであった。

人は死が近づくと、誰でも自分の輝いていた子どものころを鮮明に思い出すものなのかもしれない。

『子どもの詩の園』は彼の病んだ身体を癒《いや》すのに役立ったと同時に、十九世紀後半の物質主義に蝕《むしば》まれた人々の心をも癒したと思われる。以来、百年以上たった今でも各国で愛読され続けているのである。

生活は豊かになったものの石炭による黒煙の公害で、英国各地の都市は美しい建物さえ煤《すす》で汚れが目立ち始めていた。

哲学者カーライルが物質主義を批判し警鐘を鳴らしはじめると、スティーヴンスンら多くの芸術家や知識人たちが自然回帰の必要性を作品によって訴えるようになり、美しい自然を守るための環境保護運動があちこちで起きていた。

彼のもう一つの顔『ジキル博士とハイド氏』

石油によって大気を汚染し、物質にとらわれて生きる私たちの二十世紀末と同じように、心と空気の澱《よど》んだ時代、それがスティーヴンスンの生きた時代であった。

スティーヴンスンは異様に輝く大きな目をして、文壇に登場し、一八八三年、はからずも青少年向きの『宝島』で大人の心をも捉え、続いて一八八五年『子どもの詩の園』を発表し

文豪の生家近くにあるパブ「ジキルとハイド」

た。

そしてその一年後の一八八六年には、イギリスのみならず世界中に一大センセーションを巻き起こした『ジキル博士とハイド氏』を出版する。

この作品が、人々にとってショックだったのは、どんなに善良な人間にも潜んでいる悪への誘惑を描ききったからであった。

まだ心理学の分野でも、二重人格という言葉さえ生まれていない時代であった。人々の驚きは大変なものであったろうと想像できる。

それ以後、ジキルとハイドは二重人格者を指す代名詞にまでなったのである。

この作品の誕生には、こんなエピソードがある。

スティーヴンスンはある晩、悪夢にうなされていた。妻のファニーが心配して起こすと、もっと続きが見たかった、と文句を言いつつもすぐに執筆に取りかかった。そして出来上がった作品を読んだファニーが内容を批判したため、カッとなった彼は、その原稿を暖炉に投げ込んで燃やしてしまったのである。

よほどの自信作であったのだろう。

それから三日三晩、自室に閉じこもり『ジキル博士とハイド氏』を、もう一度、最初から書き上げたというのである。

じつはそのころ、妻ファニーはスティーヴンスンの父親に代わって、彼の作品の、主に男女間の性描写の検閲を行なっていたのである。

スティーヴンスンは、父母双方とも、信仰心の篤《あつ》い厳格な家の出身であった。息子の書く作品の中の不道徳な部分を異常なまでに、事前にチェックしていたのである。男女の奥深い描写が許されなかったために、スティーヴンスンは児童文学のジャンルに入れられてしまった、と嘆く文学者も多いと聞く。

ハイド氏が十字路でぶつかって倒れた少女を踏んづけたあたりは、最初の原稿では、もっとひどい描写だったのではないか、と想像している研究者もいる。

ちなみに、ハイドとは、つづりは違うが「隠す」という言葉のハイドをもじったものである。

宗教が人々の生活習慣を作っていた時代にあって、階級や性別を超えた男女の自由恋愛など、すくなくとも表向きは存在しなかったのである。

自由な方向に向かって変化しつつあったとはいえ、赤裸々な恋愛描写などはまだ許される社会ではなかった。

スティーヴンスンを高く評価していた作家オスカー・ワイルドのホモ・セクシュアル裁判の経緯と刑罰の重さを考えると、スティーヴンスンの父や妻が厳しいチェックをしていたことをあながち責めることはできないのかもしれない。

なぜ、文豪は日本にだけ目を向けたのか

不朽の名作の一つとなった『子どもの詩の園』という詩集だが、東洋人の私が不思議に思ったのは、六十五篇の詩の中に、ジャパンとジャパニーズと日本に関するものが二度も出てくることであった。

「よその国の子どもたち」の一節

かわいいインディアン、スー族の子
クロー族の子よ
かわいい霜だらけのエスキモーの子よ
かわいいトルコ人の子よ
または日本人の子よ
ねぇ！ ボクになりたいと思わない？

「歌を唄うよ」の一節

子どもたちは唄うよ
遠い日本の国でも

子どもたちは唄うよ
スペインの国でも
オルガンは唄うよ
オルガン弾きといっしょに
雨の中で雨の歌を
（『子どもの詩の園』白石書店刊）

『ヨシダ・トラジロウ』を残したスティーヴンスンの心の中で、日本とは、日本人とはどんな存在であったのだろうか。

ここに挙げた『子どもの詩の園』の二篇の詩に現われる、日本と日本人という言葉も、単に語呂合わせや脚韻を踏むためだけに選ばれたとは、私にはどうしても思えなかった。

ここには何か『ジキル博士とハイド氏』の作者特有の表と裏、その裏側に何か特別なものがあるような気がしてきたのだ。

私は『ヨシダ・トラジロウ』を書いた作者の、心の奥底のラビリンス（迷宮）に向かうかのように、彼の「ジャパン」という世界を覗いてみたい衝動に駆られた。

モントレーから帰ると、幸運なことに、毎日学生新聞が「毎日中学生新聞の日曜の連載コラムに、今度はスティーヴンスンの生涯を書いてみないか」と声をかけてくれたのである。

そこで私は、思い切って再びスコットランドを訪れることにした。

謎の人物、F・Jとは誰か?

スティーヴンスンの生涯を追いかけながらも、私の頭の隅には常にヨシダ・トラジロウが彼とともにいた。

彼の母校であるエディンバラ大学を訪ねると、私のような大学にまったく関係のない者にも快く門戸開放し、大学図書館のスティーヴンスン関連の書籍をこころゆくまで調べさせてくれた。

スティーヴンスンの、詩を除く全作品を年代順に整理したロジャー・スウェリンゲンの研究資料をそこで見つけた。

それによると、一八七九年の十二月から翌年の一月にかけてソローが書かれ、ヨシダ・トラジロウも同月の二十三日までの間に書かれていて、一八八〇年三月に『コーンヒルマガジン』に掲載された後、一八八二年に『FAMILIAR STUDIES OF MEN

スティーヴンスンたちに松陰のことを語った正木退蔵

AND BOOKS』（人物と書物に親しむ）というタイトルで、一つの本としてまとめられたことが判明した。

私は、スティーヴンスン怪奇短篇の訳者あとがきに「スティーヴンスンは日本に関心を持ち、サンフランシスコに滞在中、正木という日本人から吉田松陰のことを聞いて、松陰伝を著している」という記述があったために、サンフランシスコ、そしてモントレーに飛んだ。

ところが、調べてみると『ヨシダ・トラジロウ』は、エディンバラのジェンキン教授宅の晩餐会で、日本人の役人タイソー・マサキから話を聞いて書いたものであった。

スティーヴンスンが正木に逢ったのは、サンフランシスコではなく、エディンバラだったのだ。そして、教授の名前はフレミング・ジェンキン、つまり、『ヨシダ・トラジロウ』の注に突然出てくる謎の人物F・Jであった。

ジェンキンはエディンバラ大学の土木工学部教授で、彼の奥さんが芝居好きだったために、一八七〇年より夫婦で、最初は自宅を劇場として開放し、一年に一度、シェークスピアなどの芝居を主宰していた。

そのジェンキンが、どのような関係で正木を自宅に招いたのであろうか？

エディンバラ大学の土木工学科の学生でもあったスティーヴンスンとジェンキン教授は、学生と教授の間柄だけではなく、じつはこの素人芝居でも深く結びついていた。

このことは知っていたのだが、当初、彼の名前がフレミングであることを知らなかった私は、まさかジェンキン教授が『ヨシダ・トラジロウ』とも結び付くとは予想だにしなかったのである。

子どもの頃から紙人形の劇場で、従兄弟たちとよく遊んだ芝居好きのスティーヴンスンは、学生時代、このアマチュア劇団に役者として参加していた。

マサキが家に招待されていたのはこの教授の家だったのだが、なぜ？

そして、正木退蔵《まさきたいぞう》とは何者だったのか

日本に帰ってから、幕末維新関係の書物の中で正木を見つけた。

彼は、タイソウではなく正木退蔵《まさきたいぞう》といい、弘化三年（一八四六年）十月二十四日、萩《はぎ》藩大組士・正木治右衛門の三男として萩で生まれた人であることが分かった。

百八十八石の家柄で、上級藩士の家と言えるらしい。

ちなみに松陰の父、杉百合之助《すぎゆりのすけ》の家禄は二十六石である。しかし、幕末維新関係の書物の中での正木の記述はわずかであった。

ある日、ふと気がついて外務省に問い合わせ、外交資料室を訪ねた。

彼のことが記載されていた資料を要約すると、

生年月日　1845年
出身教育機関　その他、外国の高等教育機関
活動分野　教育、官界（事務系）
組織における地位　施設責任者
渡航時所属機関　大蔵省、文部省

渡航時地位　一般官吏級
渡航先名　イギリス、イギリス
渡航時期　1871年、1876年6月
帰国時期　1874年、1881年
渡航の目的　理学系（化学系）、その他（留学生取り締まり）
渡航形態　公費留学、公費個人視察
出身校名　松下村塾
留学先等　ユニバーシティ・カレッジ
専攻分野　造幣
死亡年月日　1896（明治29）年　51歳
（出典／参考文献『近代防長人名辞典』／『太政類典』）

他に、

正木退蔵　まさき・たいぞう

?〜明治29年4月5日、教育者、外交官［工業教育に尽力］生長門
渡イギリス：1871年（留学）

生年不詳。長門国に生まれる。安政5年吉田松陰に師事する。

明治4年イギリスに留学し、7年に帰国、開成学校教官となり、工業教育に従事する。9年、英国留学生監督としてイギリスへ出張する。12年《ママ》、帝国大学の依頼により理学部の外国人教師を求めエディンバラを訪れた際、文豪スティーブンソンと逢い、師吉田松陰について語った。

その後、スティーブンソンは「YOSHIDA・TORAJIRO」を書いた。

この年、イギリスから「教育雑誌」へいくつかの教育論を投稿している。

14年の帰国後、東京職工学校長となった。ついで外務省に入り、23年4月フィージー《ママ》の領事となる。明治29年（1896）年4月5日死去

【文献】

文部省第六〜八年報（正木退蔵）文部省　明11〜13
明治過去帳―物故人名辞典（大植四郎編）東京美術　昭和46

近代日本海外留学生史　上（渡辺実）講談社　昭和52

とあった。しかし、これ以上のことは知ることができない。

東京工業大学の前身の校長であった

山口県に行けば退蔵のもっと詳しい資料が見つかるかもしれない。私は萩に飛んだ。だが、結果は萩ではなく山口市にある山口県立図書館に多大なるお世話になることになった。

松陰関連の重要な史料が、ここにあったからである。

館長の藤田和夫氏と参考課主査の上野善信氏が快く協力してくださって、退蔵に関する資料を探してくださったのだ。

そして、私は謎を解く二つの資料を手に入れることができたのである。

一つは、正木の長兄基介《もとすけ》の子孫にあたる沼倉研史・満帆両氏による貴重な資料『東京職工学校初代校長正木退蔵の経歴と業績』（一九八六年　英学史研究19）である。

そこに現われた名前は、アルフレッド・ユーイング。

後にユーイング式地震計の考案者として知られるようになる学者である。ユーイング、スティーヴンスン、正木、ジェンキンとの出会いは、ユーイング自身による回想（英文）によって知ることができたのだ。

「私にとって、ルイスとの思い出は、最後に彼に会った一八七八年のある夏の思い出である。それは、ジェンキンが私とルイスを、東京大学の教授となる人物を探し求めてエディンバラにやってきた日本の官吏、マサキ・タイソウ氏に会わせるために夕食に招待してくれた時で、マサキ氏が私に白羽の矢を立てた時のことである。

マサキ氏は私たちに、日本の革新時代の初期の英雄、ヨシダ・トラジロウの話をした。それは愛国と冒険・苦闘の連続と、希望と挫折の物語であった。

ルイスは深く感動した。

彼は、その話を書き留め、後にマサキ氏に補足してもらい、ついにルイスしか書けなかった物語を書き残した。

その中で、彼は牢獄の中で若いヨシダがまもなく処刑されるという時に、この古典の詩の言葉を聞いて、いかに勇気づけられたかを語っている。

大丈夫寧ろ玉となりて砕くべし

瓦となりて全うすること能ず

この言葉が、スティーヴンスンを魅惑して、彼のモットーになり、彼自身の短い生涯をもたらしたのではなかろうか」

ニュートンの墓の近くに眠る、勲一等旭日章《きよくじつしよう》の人物

もう一つの資料である小郡《おごおり》町在住の岸浩氏が書かれた『松陰門下の逸材　正木退蔵先生』(一九八八年 山口県地方史研究59)に、簡単な記述がある。

「……それはロバート・スティーヴンスン氏が明治四十五《ママ》年の頃、同氏が一青年であった頃に、其の両親の知人の許に滞在中、知人に伴はれて友人の宅に催されたる茶話会に出席したことがある。席上に於いて『正木退蔵』と云ふ日本人が一場の話を試みた。……」

「知人に伴はれて」という、知人とは一体誰なのか?

ジェンキン教授がグラスゴーからエディンバラ大学にやってきた時、教授夫人がスティーヴンスンの家に早速挨拶に行っているところから推察すると、スティーヴンスンの父トマスがジェンキンと格別に親しい間柄であったことが分かる。

病弱なスティーヴンスンがまともに学校に行っていないのにエディンバラ大学に入学でき

たのは、父トマスの力によるものだといわれたこともある。また、ジェンキン教授をエディンバラ大学に推薦したのもトマスだという話もある。スティーヴンスン・ファミリーは科学者という立場から、スコットランドの各大学の教授たちと密接な関係があったからであろう。

スティーヴンスンにとって、こういう入学時のいわれなき噂は迷惑だったろう。彼は幼いころからの環境で、土木技術の知識も大学で勉強する程度のものはすでに身につけていた。しかし、新進作家の戸口に立っていた彼は、学校をサボって世間からみれば不良のような生活をしていたので、このような陰口をたたかれたのであった。

ジェンキンは、グラスゴー大学の名物教授で物理学者のケルヴィン卿の友人でもあった。当時、ケルヴィン卿は、開国日本とスコットランドとを結ぶ重要なパイプ役の一人でもあった。

彼らは共同で海底通信ケーブルの実用化の技術を研究し、ケルヴィン卿の指揮で大西洋横断海底電線の敷設に成功していた。スティーヴンスンの父トマスは、羅針盤を改良し航海術にも貢献していたケルヴィン卿とも親しかった。

そのような関係から、「知人に伴はれて」の知人とは、ケルヴィン卿、ということも考えられる。彼はエディンバラ大学の研究室にもよく足を運んでいたし、日本の留学生の面倒を見たことでもその名を知られるようになる人だからである。

彼は、世界の科学史に輝く人物の一人でウエストミンスター寺院に、アイザック・ニュートンのかたわらに埋葬されている。また、日本の立派な科学者たちを育てたことによって、日本政府からも明治三十四年(一九〇一)、勲一等旭日章《きょくじつしょう》を贈られている。

松陰の門下生たちは、英国に何をもたらしたのか

後にイギリスの高名な物理学者となったアルフレッド・ユーイングもケルヴィン卿の弟子の一人であった。

ユーイングは、ジェンキン教授からその非凡な能力をいち早く買われ、正木に請われて日本に来る前、教授の推薦によってケルヴィン卿の下でスタッフの一人として働いた経験を持つ。

ユーイングは青春時代ミセス・ジェンキンの素人芝居の裏方をつとめたこともあり、ジェンキンはユーイングとスティーヴンスンにとって、公私にわたる恩師であり、時には友人として慕われ続けたのである。

しかし、土木技術者ではなく作家志望のスティーヴンスンは、ジェンキン教授の講義をまともには受けていなかった。ある日、出席日数の足りない彼は、教授に証明書を書いてもらうお願いをせざるをえなくなった。しかし、教授はきっぱりと断って「スティーヴンスン君、出欠に関して間違うこともあるが、君の場合に限っては間違いがない。私のクラスにまったく出席していなかったのだからね」と戒めた。

この教授の公私混同を潔《いさぎよ》しとしない正直で誠実な態度にスティーヴンスンはかえって好感を持ち、以来、彼は心から教授を尊敬するにいたった。

発明家、技術者、教育者であるばかりでなく、文学や演劇を愛する教養の高いジェンキン教授に出逢えたことは、スティーヴンスンの人生にとってたいへん幸運なことであった。エディンバラの文学サロンのような雰囲気の教授夫妻の家は、エンジニアか文学者かと悩む若者スティーヴンスンの心のオアシスでもあった。

ジェンキン教授が亡くなると、彼は『フレミング・ジェンキンの思い出』という部厚い立派な本を出した。ユーイングはこの本を、スティーヴンスンの最高作品の一つであると絶賛している。

ところで、松陰の門下生としては伊藤利助《りすけ》（後の博文《ひろぶみ》）が文久三年（一八六三）に、井上聞多《もんた》（後の馨《かおる》）、野村弥吉《やきち》（後の井上勝《まさる》）、山尾庸三《ようぞう》、遠藤謹助《きんすけ》らとともに藩命によってすでに渡英していた。これは正木が渡英する八年前である。

このころ、長州藩は、蒸気船の建造を計画したり、購入したりしはじめていた。その船舶の一つである、ランスフィールド号の取引をしたイギリスの会社、ジャーディン・マセソン商会の長崎代理人を通じて、彼ら五名は横浜から密出国していたのである。この長崎代理人が、観光名所になっているグラヴァー邸の主、スコットランド人のグラヴァーであった。

彼ら若き志士たちによって、まさに松陰のスピリットは翼を得て、早くも英国に飛び、ジェンキン教授の晩餐会に招かれた正木がスティーヴンスンらに請《こ》われるままに二十年前の子どものころの記憶をたどりながら、松陰の話をし、その夜から四年後に『宝島』によってその名を全世界に知られるようになる青年作家、スティーヴンスンの胸を震わせていたとは何という奇縁であろう。

英国で松陰について語られた興奮の一夜

『ヨシダ・トラジロウ』のことが語られた晩餐の宴の様子は、鮮やかに私の心に浮かんできた。アルフレッド・ユーイング卿がこの晩のことを書き残しておいてくれたおかげである。

その年、

正木　三十二歳

スティーヴンスン　二十八歳

ユーイング　二十三歳

ジェンキン　四十五歳

エディンバラのジェンキンの家で、彼らは食後の酒などを楽しみながら、暖炉の周りで遠い日本からの客人退蔵を囲み、彼の話に身を乗り出して熱心に耳を傾けたことであろう。

日本の教育の未来に貢献してくれる優秀な人材を求めて正木は、うらやましいほど仲むつまじい師弟の三人に接して、自分の恩師、松陰先生のことを思い出さずにはいられなかったのであろう。

あの懐かしい郷里の萩、おもしろくて、一緒にいるだけで楽しかった先生との思い出。

望郷の念も手伝って、しだいに熱が入る正木の話を、まるでわが事のように聞いてくれる異国の師弟三人。その熱気は、おそらく部屋中に満ち、作家と学者の心を燃え立たせていたのであろう。

今は亡き松陰先生と門下生の正木、そして、ジェンキン教授と不肖の弟子スティーヴンスン、愛弟子のユーイング、彼らの目はキラキラと輝いていたにちがいない。

正木が漢字で記憶していたと思われる松陰と足軽の金子重之助《かねこしげのすけ》（重輔《じゆうすけ》）の偽名瓜内万二《かのうちまんじ》はウリナキ・マンジに、市木公太《いちきこうた》はイチギ・コダと、スティーヴンスンは正木の発音に近く書いたと思われる。

文豪スティーヴンスンと松陰が、偶然とはいえ、このようにして結び付いたということは、まさに運命的な出会いであった。

正木退蔵が、松陰に初めて会ったのは安政五年（一八五八）のことで、退蔵が十三歳の時のことであった。

それは松陰が、松下村塾での最後の教育をしている時期であり、まもなく彼の再入獄（安政五年十二月）によって、松陰による松下村塾は終わりを告げるのである。

もっとも感じやすい年ごろに、ほんの数カ月というわずかな期間、彼が松陰から受けた教育は机上の学習だけではなく、実際にすぐに社会の役に立つ人間となるために自己を教育するという実学の思想であった。

正木退蔵は、その教えを深く胸に刻みつけてその後の人生で実践したのである。

人物を輩出した松下村塾

前述の、正木の子孫である沼倉研史・満帆両氏の研究によると、正木の家は上士の家格であるところから、松下村塾だけでなく藩校明倫館《めいりんかん》にも通っていたと推測され、退蔵は十八歳で毛利敬親《たかちか》の世子元徳《もとのり》の小姓役になったという。

そしてその頃、彼は元徳の密書を持って井上聞多のもとに届けたこともあった。

退蔵の兄たちや従兄も、井上聞多をはじめ、桂小五郎（後の木戸孝允《たかよし》）、廣澤真《さね》臣《おみ》、伊藤利助等と親交があった。

退蔵は十五歳のころには、大村益《おおむらます》次郎《じろう》に蘭学などの指導を受けた可能性も高いという。

これらの経緯から、維新後、井上が大蔵卿となって英国に留学生を派遣することを構想した時、退蔵は造幣技術習得という名目で、その一人となった。

一八七一年、木戸孝允の養嗣子《ようしし》で当時十歳の正之助（正二郎）を連れての英国留学であった。

正之助の実父は松陰の友人でもある来原良蔵《くりはらりょうぞう》、母は木戸孝允の妹、ハル。来原は退蔵の長兄基介とも幕末に行動を共にするほど親しかったが、一八六二年に割腹している。木戸には妻松子とのあいだに子どもがいなかったために、同年に次男である正之助を養子にしたのである。

松陰の奇妙な判じ文字「二十一回猛士《もうし》」

幕末に伊藤ら五名が英国に密航した時、北政己《きたまさみ》氏の著書『国際日本を拓いた人々』（一九八四年　同文館刊）によると、彼らはロンドン大学ユニヴァーシティ・カレッジに入学が許されたという。

これは、ロンドン・マセソン商会のヒュー・マセソンの紹介で、同校の化学教授、スコットランド人のアレキサンダー・ウィリアムスンの助力があったからとされている。

彼が当時、ユニヴァーシティ・カレッジの学長であったキイ博士の娘婿であったことも幸いしたのであろう。

のちに、退蔵もユニヴァーシティ・カレッジに入学し、ウィリアムスン教授のもとで造幣とは直接関係のない化学を勉強することになり、教授の世話で同じ化学のグラハム教官宅に下宿することもできた。

当時、オックスフォードとケンブリッジは上流階級の人々の教養教育の大学であった。それに対し、ユニヴァーシティ・カレッジは、実践的な科学技術の教育をめざしていた。

一八七四年に一度帰国した退蔵は、一八七六年、今度は留学生の指揮監督とお雇い教師の調査募集勧誘、英国の教育事情の調査、および教育資料や器材類の購入などを目的として、海外留学生十名を引率して再び渡英した。

その二度目の五年間にわたる在英生活中に、退蔵がエディンバラを訪れ、すばらしい出会いが生まれたのである。

そのことによって、若き作家スティーヴンスンが、退蔵から聞いた一人の日本のサムライの生涯を通して、英語圏の人々に日本および日本人を愛情を込めて紹介してくれることになったのである。

退蔵の師・松陰にとっても、これは嬉しいことであったにちがいない。
それを推《お》しはかるものとして、一八五四年に松陰が書いた『幽囚録《ゆうしゅうろく》』の自序には、こうある。

「かつて、僕は『日本書紀』を読んでいて、敏達《びだつ》天皇が日羅《にちら》を百済《くだら》から召喚されるという条に至ったとき、これで日本もまた盛んになるだろうと胸をわくわくさせたのだが、日羅が賊に殺害されるところに及んで、思わず声をあげて泣いてしまった。後世、この『幽囚録』の一文を読む人が、胸をときめかせ、あるいはいたみ悲しむこと、かならずや僕が日羅に抱いたそれと同じでないと、だれがいえるだろうか。

安政元年(一八五四年)冬　二十一回猛士《もうし》藤寅《とういん》撰」

(日本の名著「吉田松陰」田中彰訳　責任編集松本三之介　昭48　中央公論社)

この文章の背景となった事件について少し述べておきたい。ここに登場する日羅とは、九州地方の豪族で百済に駐在し、朝鮮に精通していた人物である。彼を敏達天皇は日本に戻した。日羅は、日本国内の兵力を充実させ、国威を上げれば外国に侮《あなど》られず、これを心服させられると説いたのである。しかし、百済人によって暗殺された。それを松陰が嘆いているのである。

もうひとつ、二十一回猛士という奇妙な筆名が使われている。これが松陰のことであることはまちがいない。なぜ、松陰なのかここで解いておきたい。

松陰の生家の姓である「杉」の字を分解すると、十、八、三となり、その数字の合計は「二十一」となる。また、吉田の吉の字は、十一、と「口」、田は、十と「口」、十一と十の合計は「二十一」になる。そして、さらに吉の字の「口」を「田」の「口」に入れると、「回」となる。そして寅次郎の寅は虎に属し、虎の徳は猛だというのである。

松陰は、一介の学者が天下の大事にあたるには想像もつかないほどの勇気が必要であることを承知していたのだ。小さな自分が猛虎にならなければ実行できそうもないことを実行する時、その回数を二十一回までがんばろうとしたのである。

松陰の処刑の地で私が考えたこと

松陰が処刑された伝馬町《てんまちょう》の刑場は、地下鉄日比谷線「小伝馬町《こでんまちょう》」駅のすぐ裏手にあたり、今は十思《じっし》公園という憩いの場所になっている。

その公園に入ると、左手に、その昔、伝馬町から二町ほどの所にあったという石町《こくちょう》鐘楼堂の鐘楼が、黄土色のコンクリートの建物の中に取り付けられている。処刑も、この鐘の音を合図に執行されたと書かれているから、何やら普通の鐘楼と違って物哀しく感じてしまう。

しかも、処刑者によっては、たとえわずかでも延命を祈るかのように、意識的に鐘をつくのを遅くしたりしたこともあったようで、一名「情けの鐘楼」とも伝えられている。浪花節のように心打たれて切ない。

この鐘の音を松陰も聞いたのであろうか。

この鐘楼の先には、大きな柳の木があって風もないのにゆらゆらと揺れている。

右手には、小さなビル群にL字型に取り囲まれた、陽が当たらない、暗い陰のような場所に三つの石碑が立っていた。

近付いて見ると、右から「松陰先生終焉《しゅうえん》の地」と刻まれた石碑、真ん中の石はやや大きめで「身はたとひ……」の自筆が彫られ、左奥の小さめの石には「吉田松陰先生略歴」と刻された石碑があった。

ここで、こんな所で、松陰は命を絶たれなければならなかったのか。百四十年も昔のことなのに、胸に迫ってくるものがある。

ビルと樹木の陰になっていて暗く湿っぽいせいか、なんとなく重苦しい雰囲気が辺りに漂っている。

ビジネスの町らしく、初夏の午後の公園に子どもの姿はなく、会社員やＯＬ風の女性がベンチに腰かけて休んでいたのだが、私にはそこだけが音のない非現実的な世界に見えた。殺風景な寂寞《せきばく》とした思いがして、私は足早に立ち去った。

松陰と同じように教え子に接した退蔵

日本の国際社会における地位向上という松陰の夢は、厳しい選考によって選ばれた高い志を持った留学生たちによって一歩一歩実現していった。

彼らの猛勉強ぶりはすさまじく、二百年以上もの鎖国という眠りから覚めた若き志士たちの活躍は、その後異国の各大学で成績優秀、数々の賞を得る者が現われるほどであった。なかには過労で倒れてしまう者もいた。

退蔵自身も最初の留学から帰った後、重病に陥っている。

一八七四年英国留学から帰国した時、ロンドン大学の化学の師ウィリアムスン教授の助手アトキンスンを連れて来た。すでに開成学校は東京大学に改められ、退蔵は東京大学助教授扱いとなり、スコットランド人のアトキンスン教授の補佐役として分析科学を教えた。この最初の留学は、前述のように造幣技術習得が名目であったが、木戸の養嗣子正之助や他の年少の子息たちの面倒を見る役目も兼ねていて、初めての海外生活の重圧の上に、語学や自分の研究もしなければならず、やっと帰国した翌年、ついに発病した。しかし、木戸が手配したドイツ人医師ホフマンの治療で、危機を脱して回復した。

そして二度目の留学五年目の一八八一年、文部省で政策立案の枢要部にいた九鬼隆一《くきりゅういち》によって、退蔵はイギリスから呼び戻され、彼の能力を見込んだ九鬼の依頼で、東京職工学校（東京工業大学の前身）の創設に携わることになり、創立期の最も困難な仕事を引き受けた。

東京職工学校の最初の学科は化学（二十名）機械（四十名）で、その目的は職工学校の師範もしくは職工長となる者に必要な学問を教えることであった。

こうして退蔵は、日本初期の工業教育に八年余、情熱とその身を捧げたのである。

現在、目黒区大岡山《おおおかやま》にある東工大を訪れると、正門を入ってすぐ右手に東工大百年記念館というコンクリートのモダンな建物があり、その地下一階に大学の創立期から百年間にわたる歴史が写真などとともに展示されている。

そこに明治十九年七月に撮影された、東京職工学校第一回卒業生に囲まれて中央に座る正木退蔵校長を含む四十三名の大きな写真パネルが、まず私の目を引いた。

退蔵が痩せて小さくなっていたせいもあるかもしれないが、先生と生徒の見分けがつかないほど、若く見える。

退蔵はその年、四十一歳になっているはずなのに、校長然としたところがまったく感じられず、生徒たちの中に溶け込んで写っている。

それは松陰が教え子たちに、友のように兄のように接した雰囲気を退蔵も持っていたのではないかと私に思わせた。

東工大の庶務課の戸村和弘氏にお世話になって、東京工業大学百年史通史を読ませていただくと、そこには理想と現実の間の高い壁の前で苦労したであろう退蔵がいた。

東京職工学校は、最初、浅草区蔵前片町二十九番地にあった。

隅田川の川辺の、昔米蔵があった跡に、

「正木君は東京職工学校草創期の時代に當《あた》り、より将来を豫見《よけん》して建築物を考慮してをられた。或時私（當時文部省勤）に対し、〃校舎はその永久性を顧慮《こりよ》して煉瓦造《れんがづく》りにすることにした〟と苦心を談《かた》られた」

（第二代校長、手島精一談、『東京工業大学百年史通史』）

ヨーロッパ的な煉瓦造りで、いわゆる明治時代の立派な西洋建築の校舎を建てたのだが、残念ながらこの建物は生前の退蔵の願いも空しく、大正十二年九月一日の関東大震災でもっとも被害の大きかった地域にあったため、惜しくも灰燼に帰してしまった。

その退蔵は、今日の私たちが想像もつかないようなことで、工業教育の困難を味わっていた。封建的な士農工商の時代の名残で、職工学校に生徒が集まらなかったというのである。

「―略―。職工などに学校が出来たそうで、おかしいな、職工にも学問が入りますか、職人は年期入れて實地さへよく習ひ覚えて熟練さへすればいいでしょ、など申して、皆笑ったりひやかしたりして、相手にしませんでした」

（第一回卒業生、野間光彦談、『蔵前工業會誌』第三九〇號）

このことだけでも、松陰がいかに早い時期から先見の明を持って、工業教育の重要性に着目していたかが改めて分かる。

松陰が安政五年（戊午《ぼご》の年）十二月に書いた『戊午幽室文稿《ぼごゆうしつぶんこう》』の中の「学校ヲ論《ろん》ズ　附作《さく》場《じょう》」には、

嗚呼《ああ》、今日之務《つとめ》ハ、人材ヲ聚《あつ》ムルニ在《あ》リ。人材巳《すで》ニ衆《おお》ケレバ之ヲ学校作場ニ置ク。然《しか》ル後其ノ實材《じつざい》ヲ實能《じつのう》に科《はか》リ、宜《よろ》シキニ　隨《したが》ツテ之ヲ敍用《じょよう》セバ、諫官《かんかん》アリ、治臣《ちしん》アリ、軍防備《そな》ハリ、民政挙《あ》ガル、一器《いっき》一藝《いちげい》、具《つぶ》サニ其《そ》ノ妙《みょう》ヲ得《え》ン。是《か》クノ如《ごと》クニシテ、国勢《こくせい》ノ振《ふる》ハザル者ハ、未《いま》ダ之《こ》レアラザル也《なり》。

とある。

彼が説いた〝工場と連接する学校〟の構想は、当時十三歳であった彼の門下生の一人退蔵の手によってその礎《いしずえ》の一つが築かれたのであった。

この大学（現・東京工業大学）から多くの発明者や学者、また民芸運動の担い手であった日本の代表的な陶芸家や工芸家、そして建築家などが輩出されている。

ハワイでの労働環境改善につくした退蔵

もともと丈夫ではなかったらしい退蔵は、何度も廃校に追い込まれそうになる学校の初代校長として、おそらく心身共に辛い時期を過ごしたのではなかろうか。

ついに健康を損ねて、療養を兼ねてハワイ総領事に転出することになった。

一八九〇年、公使館書記官兼外務参事官となり、ハワイ国ホノルル領事館に赴任、六月二十六日付で第二代総領事となる。

一八九三年退職、一八九六年四月五日に五十一歳で死去。

正五位勲六等に叙せられた。

外務省の資料の中に「フィジー領事」と記述されたり、「客死した」と書かれていたりしたものがあったために、私はスティーヴンスンのお墓参りをするためにサモアを訪れた際、退蔵の最後を確かめたい一心で、飛行機をフィジー経由にして、領事館に立ち寄り、調べてみたことがある。

インド人の多い繁華街のビルの二階にあった小さな領事館を訪ねると、「設立した時期とか成り立ちなどの公文書がまったく残されていない」と言われた。

そこで後に、別の機会にホノルルの領事館に行った際に彼のことを調べてみることにした。

ホノルルでは、領事館員の大滝雄次氏がとても親切に古い資料を探してくださって、退蔵の名前を一緒に見つけたときの喜びは今も忘れられない。

　ハワイの官約移民時代の歴史を残そうとした民間の人々の熱意によって生まれた本などの資料によって、赴任後、総領事となった退蔵が、おざなりの役人ではなく、最後まで人々の役に立つようにと、努力した形跡を見つけることができた。

　官約移民時代の当時、さとうきび畑で働かされる日本人の労働条件は苛酷で、それをなんとか改善してもらうために、何度も炎天下をプランテーションまで足を運び交渉していたのだ。

　〝フィジー〟と〝客死〟の記述は、沼倉両氏の研究の中に「次兄武造が客死」という記述があるので、もしかしたらこの次兄と混同されてしまったのではなかろうか。

　武造の遺児三人のうち、二人の女の子を養女として引き取った後に、その母を妻として入籍しているからよけいに間違われやすかったのかもしれない。

　退蔵がホノルルにいた時期は、一八八九年五月二十二日着任～一八九一年十一月帰朝（『在ホノルル歴代日本国総領事・館員・職員』より）で、スティーヴンスンがホノルルに滞在した時期は一八八九年一月～六月と、一八九三年九月～十月の二回である。

　ほんの数日間だが、滞在時期が重なっている。

　二人がホノルルで再会した可能性はないものかと探し回ったが、現在までのところ、その事実は確めることができない。

しかし、二人がすれ違って再び会う機会がなかったとしても、わずかな期間、ハワイのオアフ島にいた事実だけは奇遇と言える。

電信実験……、象山の意外な側面

退蔵との出会いによって、東京大学の教授として来日したユーイングは日本の物理学の草分けの一人となり、富士登山を楽しみ、地震計を考案し、実測地震学の基を築いた。

出身校エディンバラ大学の副総長、イギリス科学促進会議議長となり、一九三五年、八十歳で亡くなった。

「サー」の称号を得てサー・アルフレッドとなってもいる。

現代の私たちは、あらゆる種類の磁気製品（モーター、ステレオ、フロッピーディスクなど）を使っているが、この分野は日本の発明品が多いという。

そして、この磁性の科学を日本に最初にもたらしたのはユーイングであることを、私は東京工業大学を訪れたときに知った。

ユーイングは東京大学で機械工学、熱力学、物理学、力学、電気学、磁気学を教え、その教え子たちの中には後にグラスゴー大学大学院でケルヴィン卿の弟子となった日本を代表する物理学者の一人田中館愛橘《たなかだてあいきつ》（後に東京帝国大学教授）もいた。

ちなみに、退蔵が引率した留学生十名の中には、後に東京帝大理科大学学長となり、多くの化学者を育てた桜井錠二《さくらいじょうじ》、そして後の教育家杉浦重剛《すぎうらじゅうごう》もいた。

ケルヴィン、ジェンキン、ユーイングのことを知るために、電気通信について調べてみると、意外な人物の名前が出てきた。電気通信の発達はイタリアのヴォルタという人が電池を発明したことから始まったという。しかし、その後、いろいろな科学者が電信の実験を繰り返し、ついにモールスが一八四四年、世界で初めてニューヨーク・ボルチモア間の長距離電信の実験に成功していた。

そして、日本では、なんと佐久間象山が電信の実験をしていたのである。一八五〇年、彼の郷里、長野県松代《まつしろ》で、鐘楼と彼が藩から一時借りて住んでいた御使者屋（他藩からの使者が泊まる施設）の間で日本最初の電信実験をやったというのである。しかも佐久間は、電信だけではなく、地震計まで考案していたらしい。なんという偶然であろうか。

ユーイングらが「ヨシダ・トラジロウ」の話を聞いた晩より、二十数年も前に佐久間が電信技術に着目し実験までしていたのである。ペリー提督が、将軍の徳川家定への土産に、モールス信号機を献上する四年前のことである。

一八五一年にはドーバー海峡に海底電線が敷かれ、一八六六年には、大西洋横断海底電線が完成。日本国内では、明治二年（一八六九）、東京・横浜間で、最初の電信業務が始まっている。

さて、ユーイングが回想の中で指摘したあの漢詩「瓦となって残るより　玉となりつつ砕けよや」は、スティーヴンスンの人生を大きく変えてしまった。

しかし変えられたのはスティーヴンスンだけではなかった。その後、日本の軍歌の中に取り入れられて、軍国主義の人々に利用され、すべての日本人の人生を変えてしまったのである。このことまでは、ユーイングには知るよしもない。

キー・ワードは「灯台」であった

話が前後するが、じつは私がスティーヴンスンに関連して、日本人のことを調べたのは、正木退蔵が最初ではない。

『宝島』訳者の一人、阿部知二《あべともじ》が、あとがきにこう記していたのである。

「父は灯台建築の技師だったので、スティーブンソンも大学の工科にいれられたのですが、のちに法科にかわりました。父のところへ学びにきていた日本人の藤倉という青年は、帰国後には灯台局長となったのですが、スティーブンソンがのちに吉田松陰について書いたりしたのは、こういう日本人から話をきいたからだろうということです」（一九六七　岩波書店）

つまり、私はスティーヴンスンに関係のある日本人として、最初に藤倉という人物に興味を持っていたのだが、それは正木または正木泰造《ママ》、サンフランシスコ云々という記述にめぐり会う以前のことで、そのころはまだ、私の興味は漠然としていてサンフランシスコまで行って調べてみようなどという大胆な発想はまったくなかったのである。

私がしたことは海上保安庁で資料（『日本灯台史』非売品）のコピーを頂戴した程度であった。

それによると、藤倉見達《ふじくらけんたつ》は明治五年（一八七二）三月に、灯台技術研究を明治政府より命じられ、英国のエディンバラ大学に官費留学し、建築学科で学び、ベル・ロック灯台を建築設計（一八一一年）したR・（ロバートのこと）スティーヴンスンについて灯台技術を学んだと記述されている。

ところが、航海の難所中の難所として世界的に有名なベル・ロック灯台を作った祖父ロバートは（スティーヴンスンのRはこのロバートを貰っている）スティーヴンスンが生まれた一八五〇年に亡くなっているから、藤倉が学んだのはロバートではなく、父トマスか伯父のデーヴィッドのまちがいであると思われる。

ベル・ロックは、満潮時には水没する危険な暗礁で、以前はインチケープ・ロックと呼ばれていた。十四世紀にスコットランド東部にある漁港アーブロースの大修道院長が、漁師や水夫たちに危険を知らせる鐘を据え付けたところから、ベル・ロック(岩礁の鐘)と呼ばれるようになった。

英国の戦艦ヨーク号が、ベル・ロックの近くで、乗組員ともども海の藻くずと消えたのがきっかけで、灯台建設が具体化してきた。

北部灯台委員会の依頼によって、スティーヴンスンの祖父ロバートが、一八〇〇年に設計を始め、さまざまな困難ののちに、暗礁上に最先端の技術を取り入れた「奇跡」とまで言われたベル・ロック灯台を建てたのである。

明治四年(一八七一)九月に、日本政府がデーヴィッド・スティーヴンスン、トマス・スティーヴンスン兄弟に日本の灯台建設に関する顧問を嘱託し、灯台設計および建築のための、灯台機器の調達、灯台業務を指導する人物の選択などを委託した。

二十一歳の藤倉がエディンバラ大学に留学したころ、スティーヴンスンは二十二歳。

スコットランド灯台博物館

スティーヴンスンは、作家として生きて行くという子どものころからの夢を抑え、文科系に進みたいところをぐっとこらえて、仕方なく親のいうとおりにエディンバラ大学の工学部に進み、『新型灯台用明滅灯』という論文を書いた。

その論文で王立スコットランド技術協会から銀メダルをもらい、父親をはじめ一族が喜んだのも束《つか》の間《ま》、代々受け継がれてきた灯台建築の道ではなく、やはり小説家の道に進む決意であることを、やっと両親に告白した。

父親を一時、絶望の淵に落としたが、スティーヴンスン家にもゆかりのあるスコットランドを代表する作家スコット卿も弁護士であったことから、弁護士の資格を取ることを条件に何とか父から承諾を得て、二十一歳から法科に移り法律を勉強していた。

父トマスは気むずかしく頑固な面はあっても、誠実な人柄の人だったらしいから、実の息子が家業を継がないことに落胆しながらも、はるばる遠い日本から修業にやってきた息子と同年輩の若者、藤倉を親身に世話したのであろう。

藤倉は家に招かれ、一歳年上のスティーヴンスンとも親しくなった。

藤倉が日本に帰国した後も、スティーヴンスンは彼と文通して日本からの便りを楽しみにしていた。

お傭《やと》い外国人第一号ブラントン

一八五三年に黒船が日本にやってきて、鎖国を解かなければならなくなったとき、日本を植民地化したいという野望を持った列強の国々が最初に日本に求めたのは、石炭薪水《しんすい》食料などの補給であったが、まもなく船が陸地に安全に近づくための洋式灯台の設置を要求するようになった。

それまで日本の漁師を守っていたのは、篝火《かがりび》式灯台と菜種《なたね》油や棉実油《めんじつゆ》などが光源の寺社などに設置された灯籠で、しかも沿岸にあるものは少なかった。

江戸では神田明神《かんだみようじん》、大阪では住吉《すみよし》神社の海面上約二十メートルの高灯籠が有名だったらしいのだが、大阪湾も東京湾も埋め立てられているから、夜の海上からどのくらい灯りが見えたか、今となっては想像するのもむずかしい。

しかし、大型の蒸気船の時代を迎えていた西洋の国々の求めに応じなければならなくなった江戸幕府は、一八六四年、海軍力を強化しようと横須賀《よこすか》に造船所を作る目的でフランスから技師ヴェルニーを含む三人の技師を招聘《しようへい》し、横須賀製鉄所を建設中に東京湾附近の灯台（観音埼《かんのんざき》、野島埼《のじまさき》、城ヶ島《じようしま》、品川《しながわ》）建設も兼務させた。

四年後、明治維新が起こり新政府は、新しい灯台建設をフランスではなくイギリスに依頼した。

この時、前述したようにスティーヴンスンの伯父と父が日本政府の灯台に関する技術顧問となったのである。

維新前年一八六七年十一月、スティーヴンスン兄弟社は、すでに『日本政府用灯台計画書』を作成、しかし、イギリス政府が派遣してきたのは、なんと鉄道関係の土木技師だった。ところが、彼らが選んだスコットランド出身のリチャード・ヘンリー・ブラントン（一八四一〜一九〇一）こそ、日本の近代化にとって貴重な人材の一人となるのである。

ブラントンは一八四一年、スコットランドのアバディーン州キンカーデンで生まれた。

父は英国海軍中尉であったが、父方の家系の多くは演劇一家で曾祖父と祖父はロンドンのコヴェントガーデンで初舞台を踏んだという。

ブラントンは私立学校卒業後、鉄道工事の見習技師となり、デンバーン・ヴァリー鉄道、ハイランド鉄道などの工事に従事し、一八六四年ロンドンに移り、ロンドン・アンド・サウスウェスタン鉄道の工事に関係し、ミッドランド鉄道の工事で主任助手として働いた。

ブラントン自身、灯台建設は初めてのことだったので、助手のマクヴィーン、ブランデルの二人とともにスティーヴンスン兄弟社や、スコットランド東海岸のガードル・ネスとセント・アブズ・ヘッドの灯台で三カ月ほど研修を受け、一八六八年八月に来日した。

ブラントンは、明治初期に日本で活躍した「お傭い外国人」の第一号であった。

日本近海は「暗黒の海」であった

スティーヴンスン兄弟社の推薦によって日本へ赴任した当時、弱冠二十七歳であったブラントンのもとで働いたイギリス人（主にスコットランド人）は、建築技師、会計方、鍛冶、石工、大工、製図技師、機械の技師、灯台保守の技術者、灯台補給船の船員など、のべ百数十名にのぼる技術者集団であったという。

そこで、ブラントンの通訳をしたのが藤倉だったのだ。

ブラントンを中心に五等外交官燈明台掛・上野敬介らは、イギリス軍艦マニラ号、イギリス汽船アルグス号を借りて日本沿岸の灯台建設予定地の調査、測量を行なった。

開国以来、外国船の往来は激しくなり、昨日まで小さな貧しい漁村であった横浜港では、大型外国商船の数が年間二百～三百隻にもなっていたという。地形が複雑で気象、海象の変化の多い日本近海の夜は〝暗黒〟（彼らは〝ダーク・シー〟と呼んだ）に近かったため、船舶は航路標識の整備を熱望した。

そこで列強の国々が考え出したのは灯台建設にかかる莫大な費用を馬関《ばかん》戦争の賠償で賄《まかな》わせようということであった。日本政府は好むと好まざるとにかかわらず、近代式灯台を建設せざるをえなくなったのである。

そのため、ブラントンたちは書類上、神奈川府（現神奈川県）の裁判所に属して、灯台事業に従事することになった。

馬関戦争とは一八六三年の「馬関攘夷戦」のことで、幕府が勅許を得ないで調印した安政条約によって開国後、尊王攘夷派が台頭してきて、同年五月、攘夷の朝命が下るや、高杉晋《たかすぎしん》作《さく》を引っ張り出した長州藩は率先して下関海峡を通過する外国船に砲撃を加えた。

この砲撃が引き金になって、翌一八六四年八月、英仏米蘭の四カ国は、イギリス軍艦を主力とした連合艦隊を派遣して下関砲台を攻撃、下関戦争（馬関戦争）が勃発した。かくて、長州藩は惨敗して和議を申し出なければならなくなった。

連合軍は、外国船砲撃が朝廷、幕府の命によって行なわれたことを確認し、馬関戦争の賠償金は幕府が負担すべきだとして、三百万ドルの賠償金の支払い取極書《とりきめしょ》に調印させた。

その実行にあたっては、イギリス主導で行なわれ、前述したように一時的な賠償金より貿易上の利益を優先して、賠償金の三分の二を放棄する代償として、兵庫（神戸）の早期開港、税率軽減および条約勅許を幕府に要求したのだという。

その改税約書の第十一条に「日本政府ハ、外国交易ノタメ、開キタル各港最寄船々ノ出入安全ノタメ燈明台《とうみょうだい》、浮木《ふきき》、瀬印木《せいんぼく》等ヲ備フベシ」とあったのだ。

日本に幸いであった「アヘン戦争」の反省

馬関戦争が起きたころ、長崎のグラヴァーらスコットランド人の縁故で密航していた長州藩の伊藤利助と井上聞多の二人は、ロンドンの新聞で「四国連合艦隊の下関砲撃」の具体的計画があることを知り、長州藩説得のため急ぎ帰国、その後倒幕運動に奔走するようになる。

この事件がイギリス主導で解決されたことは、法外な賠償金請求は別として、日本にとって不幸中の幸いであったのであろうか。

イギリスは一八四〇年に不名誉なアヘン戦争を起こして中国を侵略し、一八四二年に南京条約を結んで香港島を割譲させ、他に五港を開港させた。しかし、巨額の戦費と国内の世論とで、アヘン戦争そのものを見直す時期にあったのである。この一八六〇年代は、自由貿易主義とともに反植民地主義も少数派ながら、イギリス議会に台頭しはじめていた。

日本を基地として、あるいは市場として獲得するにあたって、イギリスの繁栄を意識していた野心的な若い国アメリカは先陣を期するために砲艦外交をするなど強引であった。またフランス、ロシアは搦《から》め手《て》から幕府に迫っていた。

しかも、日本はアヘン戦争の怖れからイギリスを特に警戒していた。

そのような状況下で、イギリスは、日本に対して戦争によってではなく、違ったやり方で日本の市場を獲得する方法を模索するほうが有利と考えるようになっていたのである。

そこで日本の国内紛争に対しては「中立政策」をとった。イギリス植民地政策の先兵の一人ともいえるグラヴァーは、条約によれば武器は幕府だけに売ることになっているのに、薩摩藩を通じて他藩に武器弾薬も売っており「死の商人」でもあった。

しかし、イギリスと対立するフランスが幕府側についていたこともあって、イギリスが旧勢力の幕府を新勢力が倒す際の手助けをしたことになり、グラヴァーは多くのスコットランド人とともに日本の近代化に尽くすこととなった。

差別されつづけたスコットランド人の誇り

スコットランドは、固有の文化を持つ独立国であったのだが、一七〇七年、イングランドに併合されて、グレートブリテン連合王国(現「グレートブリテンおよび北アイルランド連合王国」)となって以来その圧迫下に置かれてきた。

十八、九世紀のスコットランド人が、イングランドで差別なく就職することは不可能に近かったのである。

そういう背景があって、スコットランド人は英国人社会に認められるために、実際に役立つ学問、知識を目指し、あらゆる先端的分野で活躍するようになった。そしてまた立身出世、一攫千金《いっかく》などを夢見る人々は海外の、英国植民地へと積極的に進出していったのである。

それだからこそ、誇り高きスコットランド人のスティーヴンスン、ジェンキン、ユーイングらは、自分の身をなげうってでも、自国を外国と対等にしたいと願ったトラジロウの気高い志や実学の思想に深い感銘を受けたのだろう。

スコットランドは、北海道くらいの広さしかない。

この小さな自然の厳しい北国から、超一流の人材をキラ星の如く輩出した。

蒸気機関を実用化したワット。電話のベル（アメリカで発明）。ペニシリンのフレミング。麻酔薬クロロフォルムのシンプスン。タイヤのダンロップ。テレビのベアード。電波の存在を予言した電気磁気学のマクスウェル。思想家カーライル。経済学者アダム・スミス。政論家マッキントッシュ。哲学者デーヴィッド・ヒューム。

こういった人々は、縦横のつながりを持ち情報を交換し助け合い、影響し合いながらスコットランドの黄金期を築いていったのである。

スコットランドに初めて大学が建てられたのは十五世紀で、もっとも古い大学は、ゴルフの全英オープンで有名な地にある、セント・アンドリューズ大学（一四一一年）である。

イングランドでは、オックスフォード（一二一四年創立）とケンブリッジ（一三一八年創立）の二カ所に大学が集中していた時代に、スコットランドではグラスゴー、エディンバラ、セント・アンドリューズ、アバディーンの四カ所に大学があった。

修道僧の教育から始まった長い歴史の中で、十六世紀のプロテスタント宗教改革以後、改革者の一人ジョン・ノックスが、五人の同僚とともに聖書を誰もが読めるようにという運動を始めて以来、あらゆる教区で、子どもが読み書きを学べるようになり、スコットランドは、子どもたちの学校教育に力を入れるようになった。

以来、急速に教育水準が高くなり、二十世紀初めまでには、イギリス国内で、もっともいい教育を受けていたのは、スコットランドの子どもたちだったともいわれている。

維新のパワーを発揮させたスコットランドの実学

これらの大学から、学問のための学問ではなく、生きる知恵としての実学の精神を身につけた優秀な科学者や技術者が多く生まれ、大英帝国の産業革命時代の繁栄を根元の所で支えたのである。

灯台のスティーヴンスン・ファミリーも、その栄誉ある一員である。

そしてブラントンは、日本での活躍によって、一流の土木技師として認められる存在となった。彼は日本で、灯台建築以外に、家族とともに居留していた横浜で「まちづくりの父」といわれるほどの活躍をしたのである。

彼は関係当局から依頼を受け、横浜の発展に大きな役割を果したのである。

市街精密地図作成のための測量、電信線の架設、鉄製の吉田橋の建設、横浜居留地の建設設計、港の整備、上水道計画、下水道敷設、街路照明計画、道路公園に関する都市計画作製、大阪港改修工事、信濃川改修工事、などである。

そして、日本で初めての鉄道である新橋・横浜間の京浜間鉄道敷設工事などにも貢献した。

ブラントンが、これだけ活躍できた背景には、英公使パークスの後《うし》ろ盾《だて》や、神奈川県知事に英米滞在経験があり西欧通であった寺島宗則《てらしまむねのり》がいたからである。

パークスは、多くの外国人と同様に、日本人に対してかなり威圧的な態度をとっていた。しかし、彼らの貿易を支えるための近代的な灯台建築が、ブラントンらによって成し遂げられてゆく過程では、次々と生まれる灯台をまるで我が子のように見守っていたという。

開国したばかりの未開発の国に、灯台の灯を点していくことは将来見込まれる莫大な利益に対する期待感だけではなく、その歴史的瞬間に生きがいを感じさせたのかもしれない。

まさに灯台の明るい灯は、文明開化の象徴であり、先駆けでもあったのである。

とはいえ、開国後の日本にとって、異文化を吸収することは多くの費用を必要とし、政府の財政を圧迫しつづけた。

しかし、あらゆる分野で近代化を求め、求められ、互いの異文化に刺激を受けた人々は、好奇心の固まりとなってエネルギーをぶつけ合っていった。それが巨大なパワーとなり、十年かかるものを一年でというほどに猛スピードで開化していったのである。

当時を想像してみると、彼らのエネルギーが伝わってくるような気さえする。

今も横浜に残るブラントンの功績

現在の横浜の街を歩くと、ブラントンの足跡はあちこちで見かけられる。伊勢佐木町《いせざきちょう》の商店街入口の手前にある鉄の橋は、ブラントン設計の「吉田橋」の復元されたものだ。

橋の下は、昔は運河が流れていたそうだが、今は高速道路になっており、〝水の流れ〟ならぬ〝車の流れ〟が金網越しに見える。

文明開化のころは、この鉄の橋はとても珍しく、当時の浮世絵に描かれたものが、横浜開

横浜にあるブラントンの銅像

港資料館に展示されている。

　東京と横浜を結ぶこの橋には当初、関所が設けられ、関内《かんない》、関外《かんがい》という言葉はこの関所の内側、外側という意味であった。

　この関内、官公庁の集まっているいわゆる昔からの横浜の中心地一帯が、ブラントンの改良計画に基づいて作られたものである。

　神奈川県庁本館前、旧英国総領事館（現横浜開港資料館）との間の、広い美しい並木道「日本大通」には、この通りがブラントンの設計であることを明記した記念プレートが立っている。

　この通りを海を背にして真っすぐ歩い

て行くと、現在横浜スタジアムのある横浜公園にぶつかり、公園の正面入口の緑の植え込みから顔を出しているシルクハットを被ったブラントンの胸像がじっと日本大通の先の太平洋を見つめている。

関内の通りはかなり広く区画され、通りの突き当たりに公園を配置している所はいかにも英国的で、関東大震災をかろうじて免れた古い建物とともに横浜の町をエキゾチックな魅力のある風情にしている。

ブラントンは、灯台建設に関連して、明治四年（一八七一）、灯台技術者を養成するための学校「修技校」を灯台寮（燈明台役所―現海上保安第三管区海上保安本部所在地）の構内に設けてもいる。

イギリス人の専門教師による技術教育を受けることができたこの学校は、同年八月、工部省工学寮に吸収され、明治六年八月、工学校、明治十年一月、工部大学校となった。この工部大学校が帝国大学の第五番目の学部、工学部へと発展していき、現在の東京大学工学部となったのである。

しかし、修技校はブラントンの発想だろうか。私は、スティーヴンスン兄弟社の指示で創られたような気がしてならない。

というのも、スティーヴンスンの父・トマスが育ったバクスタープレイスの事務所を兼ねた大邸宅は、祖父ロバートの代にすでに小さな大学のようだったと言われているのである。

そこでは、各地から未来の土木、工学の技術者をめざす人々がお金を払って学んでいた。スティーヴンスン・ファミリーは徒弟制度の時代の親方であった曾祖父トマスのころから三代にわたって灯台に携わる人々に関連技術を教えるかたわら、その運用や管理の方法などの知識と訓練のシステム作りを完成させていたからである。

スティーヴンスン兄弟社となってから、設計の多くはトマスに任され、世界各国の海外コンサルティングも兼務するようになっていた。藤倉もトマスたちから技術と管理のシステムを学んだはずである。それに、ブラントンだけでなく彼の助手から石工にいたるまで、灯台関連で来日したイギリス人たちは、みなスティーヴンスン兄弟社が推薦した人々であった。イギリス人の専門教師たちも彼らが送り込んだような気がしてならない。

岩倉《いわくら》使節団を案内した二十一歳の藤倉見達《ふじくらけんたつ》

私はスティーヴンスンが最初に出会った日本人は、ブラントンの一番弟子といわれた藤倉一人だけだと頭から思っていた。

しかし、藤倉と正木を調べているうちに、父トマスに世話になっていたであろう日本人がもう一人いたことを知った。

それは杉甲一郎《すぎこういちろう》。十七歳。

杉は、当時欧米との条約改正と見聞を広める目的を持った岩倉具視《いわくらともみ》使節団とともに洋行し、一八七二年、アメリカから英国に渡り、一行がスコットランドを訪問した際、エディンバラ大学に留学したのであった。

この使節団は、外務卿岩倉具視を特命全権大使として、副使に参議木戸孝允、工部大輔伊藤博文、大蔵卿大久保利通《としみち》など約五十名と、留学生約五十名という大使節団であった。

藤倉も、この使節団とともに渡英したという記述もあったが、外務省の渡航記録では、杉が一八七二年五月にイギリス、アメリカに渡航したことになっている。

これに対して、藤倉は海上保安庁の資料では、「一八七二年三月に英国エディンバラ大学に官費留学」とあり、外務省の渡航記録では一八七一年にイギリスに渡航したことになっている。つまり、使節団と同行したかどうかは定かではない。

しかし、横浜開港資料館のブラントンに関する年表を見ると一八七二年三月、工部省がブラントンの帰英願を上申し、四月二十四日には夫人、長女、次女を伴い帰英しており、同日藤倉も英国留学に出発したことになっているので藤倉はブラントン一家に同行した可能性が高いと思われる。

そして岩倉使節団一行を灯台に案内したのはブラントンである。このときの通訳は、当時二十一歳の藤倉であったとしか考えられない。

杉も藤倉もその時、ジェンキン教授の教え子になり、二年間、エディンバラ大学で図学、数学、測量学を学んでいる。

つまり、二人とも、スティーヴンスンの後輩ということになるのである。

杉は、一八七八年に帰国後、工部大学校の機械図学助手となり、一八八一年に同校で日本人初の教授となった。

「日本からの便りが楽しみ」文豪の手紙

『ロバート・ルイス・スティーヴンスンの書簡集』という書物がある。

これは、アメリカのイェール（エール）大学が、一九九四〜九五年に出版した全八巻から成るもので二八一六通の手紙が収められている。この中に、彼がエディンバラのヘリオット・ロウNO・17の自宅から一八七七年七月十五日（正木との出会いの約一年前）と同年十二月六日に、当時すでに帰国していた藤倉金次郎（見達）に宛てた手紙があった。

その中で、スティーヴンスンは日本について、

「日本からの便りを私がいつも楽しみにしていることを忘れないでください。日本は私たちにとって、とても興味深い国なのです。友人ができる以前からそうでした。ですから、この拙い文章で貴方が私との文通にうんざりしてしまったとしても、時々は御国の発展の様子をお便りください」R・L・S（七月十五日の手紙より抜粋）

と、若者らしいとても親しみのある口調で書いている。そして、十二月六日の手紙は、

「親愛なる金次郎殿
返信の手紙をずっと以前に書くべきでしたが、フランスから帰って来たばかりで、しかもフランスでの仕事はプレッシャーが多くそのため私の目がすっかりいかれてしまい一カ月というもの読むことも書くこともできない状態でした。

目は良くなりましたが、まだ夜は気を付けなければなりません。

荷物はきっとがっかりなさるでしょうが、到着しませんでした。

海の藻屑と化していないように神に祈るばかりです。

お手数ですが、どの運輸会社から発送したか、また保険を貰うにはどうしたら良いかをお

教えくださるとありがたいのですが？

私達は皆荷物が着かなかったことを残念に思って居りますが、貴方のご親切には大変感謝致して居ります」R・L・S（手紙より抜粋）

という書き出しで始まっていて、藤倉との友情関係が家族ぐるみであったことがうかがわれる。

このころ、スティーヴンスンはいわゆるジャポニスムと呼ばれた日本趣味が美術界だけでなく、一般の人々にも浸透しはじめた時代の流れの中にいた。

『ヨシダ・トラジロウ』を書いた後であるが、美術雑誌に日本の浮世絵を通じて忠臣蔵や北斎のことも書いている。到着しなかった荷物とは、母マーガレットのために求めた絹製品とか、浮世絵、あるいは日本の陶磁器、漆器などの美術工芸品であったのではないだろうか。

藤倉は一八八五年（明治十八）に灯台局長となり、一八九一年（明治二十四）退官後、東京製綱の深川工場長、同社取締役を歴任して一九三四年（昭和九）、八十三歳で没したという。

スティーヴンスン兄弟社が、基本設計し、ブラントンが建築した灯台の一つに、下田の沖合にある神子元島《みこもとじま》の灯台がある。そこで灯台守をした一人で、紀藤庄介という人がこんなことを書いている。

「さて島の宿舎は、石造りの洋館で、私の部屋の寝室には、壁に嵌《は》め込《こ》んだ大きい暖炉の前に結構なダブルベッドが置かれている。明治の初年には、在勤外人使用のもので、『GLASGOW』の銘板が打ってある。建築監督に来たブラントンも、また藤倉局長も、この銘板に目をとめて、それぞれ郷愁を感じられたことであろう。

私はこのベッドの上で、そんな瞑想にふけりながら、よく、スティーヴンスンの著作を読んだ。『ファミリイ・オブ・エンジニアース』など、古くから今日まで続いているスコットランドの燈台土木家の記録を深い感銘で繰り返し読んだ。

『宝島』では、島に匿してある金の延棒や金貨が発見せられて、ヒスパニオラ号へ積み込まれる条は、私には自分の宝を掠奪してゆかれるように感じた。そしてこの神子元島へも、あのすばしこいトリオロニやジムが何時上陸して来るかも知れないと不安だった」

『のしかかる海』(「燈光」十巻七号所載　紀藤庄介「旧版・神子元島之図」より抄録　「伊豆の自然」第十九号　史跡神子元島燈台特集　南伊豆自然保護の会発行　昭和44年)

木戸孝允が見た「スブンスンの燈台」

岩倉使節団に話を戻す。

英国に二カ月あまり彼らが滞在中、当時留学生であった正木退蔵も何度か使節団の滞在先であるホテルを訪れていた。

使節団の全権副使、木戸孝允（桂小五郎）が書いた『木戸孝允日記』（東京大学出版会　昭60）によると、木戸はロンドンで頻繁《ひんぱん》に養嗣子である十一歳の正二郎に会っており、ホテルに同宿させたり彼のために時計を買い求めたりもしている。

また、木戸はブラントンの自宅に招待されたりもしている。

この日記を読んで分かったことだが、なんとこの使節団一行に、スティーヴンスンの『ヨシダ・トラジロウ』に出てくるあの〝十八歳の少年、ノムラ〟――野村靖が随行していたのである。彼の名前がブラントンやイギリス公使パークスなどとともに、日記に記されている。

木戸は松陰より三歳年下だが、藩校の明倫館《めいりんかん》で彼に兵学を学んだ長州藩士であったし、正木は村塾の先輩である伊藤、パリからやってきた山田顕義《あきよし》、そして野村とも、ロンドンで再会していたにちがいない。

しかし、野村はロンドンで体調を崩しており、エディンバラを訪れた一行のなかにいたかどうか、その名は見当たらない。

使節団一行は、九月十二日にはエディンバラ市内を観光し、街の中心部にあるスコットの石像などを見ている。木戸の日記には、

「サー、ヲートル、スコット之石像あり、此人は當國の詩人にして尤《もつとも》有名家なり」

とある。そして彼らは続く九月十四日に、

「——蒸気船（プヘロス号三百馬力にして五百トンと云）に乗りベルロック之燈臺《とうだい》に至る（中略）ロベルトスブンスン之建築と云世界に有名の燈臺なり」

とある。

北海に翻《ひるがえ》る伊藤博文たちの日の丸

岩倉使節団に加わった後の歴史学者久米《くめ》邦武《くにたけ》は『特命全権大使米欧回覧実記』（一九八五年　田中彰校注　岩波書店）という膨大な記録を残した。

その中に、ベル・ロック灯台を訪れた九月十四日の詳しい記述があるのだが、そこにデーヴィッドやトマスの名前は記されていない。しかし、藤倉見達と杉甲一郎はこのとき使節団

エディンバラ大学

から離れて、エディンバラ大学と、スティーヴンスン兄弟社に預けられるのだ。

記述はなくても、デーヴィットとトマスは使節団一行に日本の灯台の設計者として、あるいは顧問として紹介されたであろうと私は推測していた。そしてやっと、横浜開港資料館の本『R・H・ブラントン』の中に、国立公文書館内閣文庫所蔵のトマス・スティーヴンスンが岩倉使節団に献呈した本の写真が掲載されているのを偶然、発見した。

トマスのサイン入りで『Lighthouse Illumination』（灯台の照明）という本である。

そこには、使節団がベル・ロック灯台

を視察した際、スティーヴンスン兄弟から灯台などに関する数冊の著書の献呈を受けたと書かれていた。やはりトマスは彼ら一行に会い、自著を献呈したのであろう。

その後、さらに宮永孝《みやながたかし》著の『白い崖の国を訪ねて』（一九九七年、集英社刊）によって、灯台の機械を説明したのが、技師スティーヴンスンであることが判明した。

彼らは十月十六日（旧暦九月十四日）エディンバラの東、グラントンから出発した。

一行を乗せた蒸気船ファロス号の、前マストには日の丸、メイン・マストには北部灯台委員会の旗が翻っていたという。英国公使パークス、エディンバラの州知事、市長、灯台局総裁も乗船していた。

ファロス号は祖父ロバートが寄贈した灯台巡視船。つまり灯台を案内したのはブラントンと藤倉というよりは、スティーヴンスンの父たちであったに違いない。

『米欧回覧実記』には「第九時ヨリ港を出船ス、時ニ天モ亦次第ニ晴レタリ」とあり、悪天候ではなかったのだが、しばらくすると潮が荒れはじめた。ベル・ロック灯台へは、じつは目前まで行って接岸できなかったのである。一行はベル・ロックには上陸できなかったが、フォース湾の沖合にあるメイ諸島のアイル・オブ・メイを訪れることができた。

アイル・オブ・メイ灯台は、一六三五年に建設されたもので、神子元島のように岩礁上にある灯台である。スコットランドではもっとも古いもので、一八一六年にスティーヴンスンの祖父ロバートの手によって近代式灯台として再建された。

使節団一行は、灯塔を昇り、灯室に入り、スティーヴンスン技師から機械などの説明を受けた。そしてテラスに出て、北海を眺めたのである。

松陰をめぐる三人の男たちはどこに

使節団一行が、エディンバラを訪れているころ、スティーヴンスンは、一八七二年の夏を大学の友人ウォルター・シンプスンと、ドイツのフランクフルトで過ごしていた。

この友人は、麻酔薬クロロフォルムの発見者シンプスンの息子である。

そして八月二十三日に、両親とバーデンバーデンで落ち合い、九月十一日にはストラスブール、パリ、ブローニュ経由でエディンバラに帰ってきている。

しかし残念ながら、彼自身による使節団に関する記述が見つからず、スティーヴンスンが彼ら使節団に出会った可能性は薄いのかもしれない。

彼が灯台建築の仕事を継ぐつもりであれば、当然父に従い、日本の使節団とともにベル・ロックの灯台にも行ったであろう。しかし、家業を継がない意思表示をした後であり、この使節団そのものに対して関心がなかったというよりは、灯台に行くこと自体を避けていたのかもしれない。弁護士になれば、作家になっても良いということで、そのことに夢中になっていた時期でもある。

息子が期待に応えてくれず、夢を打ち砕かれた父の方も深く傷ついていた。

英国の秋の空の下で、

スティーヴンスン二十二歳

正木退蔵二十七歳

野村靖三十歳

松陰によって結ばれるはずの彼ら三人の運命の糸は、まだ結ばれてはいない。

松下村塾の輪の中にスティーヴンスンがいた

『ヨシダ・トラジロウ』を読んでからというもの、スティーヴンスンと日本との縁《えにし》はますます強く感じられるようになってきた。

彼は父トマスとジェンキン教授の関係で、藤倉とおそらく杉とも知り合い、多分その後で正木と知り合うことになるのである。

藤倉、杉、正木とトマス、ジェンキン、ユーイング、ケルヴィン卿、このネットワークは一体どこで生まれたのかを、ひたすら考えていた。

ところが、だいぶ後になってからのことだが、オリーヴ・チェックランドというイギリス人の研究者が書いた一冊の本と巡り合い、そこに書かれていた東京帝国大学の最初の工学教授R・H・スミス（一八五一〜一九一四）の記述によって、ついにすべてがリンクしたのである。

「一八七四年、『私はフレミング・ジェンキン教授や、その他の人々の推薦に基づき、日本政府のために労をとったロンドン大学ユニヴァーシティ・コレッジでのウィリアムスン教授によって、日本の東京にある帝国大学の土木・機械工学教授に選任された。…私は大学の工学教育の全課程を編成しなくてはならなかった。』」（オリーヴ・チェックランド著　杉山忠平・玉置紀夫訳『明治日本とイギリス――出会い・技術移転・ネットワークの形成――』りぶらりあ選書・法政大学出版局）

ユーイングはこのスミスの後任者として一八七八年に来日し、機械工学の教授となったのである。

長州藩の伊藤や井上が密航した時に、お世話になったウィリアムスン教授とジェンキン教授が同じスコットランド人のネットワークによって日本としっかり結びついていたのである。偶然が幾つも重なるとそれは必然であるというが、まさにスティーヴンスンの『ヨシダ・トラジロウ』は生まれるべくして生まれた本なのである。

野村靖が、たとえベル・ロック灯台を訪れる一行の中にいなかったとしても、松陰に縁の深い木戸孝允をはじめとして伊藤ら松下村塾の門下生たちが、スティーヴンスンの祖父がつくった灯台を訪れていた。

そしてそれは『ヨシダ・トラジロウ』が書かれる七年も前であった。しかも木戸は、スティーヴンスンの父たちが基本設計した神子元島灯台の初点灯式にも出席していた。さらに、伊藤が工部省のトップ初代工部卿となって工部大学校（東大工学部の前身）ができたことなども考え合わせてみると、人々のつながりのおもしろさに私は感嘆してしまう。

第3章 どうして伝記は密封されていたのか

——松下村塾の秘密を解くカギはここにある

史実との相違、それが評価の低い理由だが

国会図書館で、日本に紹介されたスティーヴンスンの作品リストの中に『人物と書物に親しむ』は見つけることはできなかった。

しかし、松陰の側から一つ一つ丹念に調べて行くうちに「吉田松陰全集」（一九七四年　山口県教育委員会編　大和書房刊）の別巻に、ホークスやスパルディングの『ペリー日本遠征記』とともに、対訳（町田晃訳）で『ヨシダ・トラジロウ』を見つけることができたのである。この本を探し出すのも時間がかかったが、私が苦労して訳す必要などなかったのだ。ましてや、モントレーまで行く必要もなかった。

電車賃数百円と、頭を少し使えば多少の労力で専門家の研究による、確かな本が手に入ったのだ。ここで振り返ってもしかたがない。本との巡り合いも人との巡り合いに似て、時期があるのだろう。

私の場合、モントレーまで行かなければ『ヨシダ・トラジロウ』とは出会えなかったし、正木退蔵、藤倉見達、杉甲一郎とも出会えなかった。

ミステリアスなスティーヴンスンのおかげで、見知らぬ街パシフィック・グローヴでトラジロウと出会ったからこそ、多くの書物や人々と巡り合えたのである。

ところで、学者や研究家たちの間では『ヨシダ・トラジロウ』の評価はどうなっているのだろうか。

たしかに、スティーヴンスンが、吉田松陰のことを書いた情熱は大いに認められてはいる。

しかし、聞き書きであることや、そのために歴史的事実に関する記述に幾つかの誤りがあること。そのために、松陰の生涯としては、文豪スティーヴンスンによって書かれたという喜ばしい事実があるとはいえ、松陰研究の学問の世界ではそれほど問題にされていなかった。

もちろん、スティーヴンスンの努力に対する評価は認められてはいる。それでもなお、彼の作品の中ですら、すっかり埋もれてしまっているのである。

学者の方々が指摘されているスティーヴンスンの『ヨシダ・トラジロウ』の記述の誤りを、どこがどう違っているのか、自分の目で確かめたいと思った。

数ある松陰の生涯を描いた書物の中から、いくつかの感銘を受けた書物を頼りに、史実との相違点を確かめながら、スティーヴンスンの生涯とも重なり合う松陰の魅力の秘密を改めて知りたくなったのである。

家族愛に恵まれていた松陰とスティーヴンスン

吉田松陰は天保元年（一八三〇）八月四日（旧暦）、長門国（現山口県）萩の松本《まつもと》村（松下《まつもと》村）に生まれた。

本名は矩方《のりかた》、字を子義《しぎ》または義卿《ぎけい》、号を松陰、または86ページで述べたように二十一回猛《もう》士《し》という。

寅年の生まれであったので、〝虎之助〟と呼ばれ、大次郎または松次郎、後に〝寅次郎〟となったという。

毛利藩の藩士杉百合之助の次男で、母は滝《たき》。

五歳の時に、叔父大助の仮養子となった。大助は、山鹿流師範の家筋吉田家の当主であった。この大助が翌年早世したので、幼くして第八代当主となったが、実の両親のもとで育てられた。兄の梅太郎は、この弟をこよなく愛し、松陰も同じように弟妹を大切にした。

親子、兄弟、親戚の仲の良さは、杉家の美風として知られていた。

一方、R・L・スティーヴンスンは一八五〇年十一月十三日、スコットランドのエディンバラに生まれた。

本名は、ロバート・ルイス・バルフォア・スティーヴンスン。

スティーヴンスンの家族（犬を抱いているのが本人）

ルー、またはルイスと呼ばれ、家族や親しい人々からは十五歳まで両親が付けた愛称〝スマウト〟（鮭の幼魚のことで〝小さな子〟を意味するスコットランド語）と呼ばれ、一族の皆から可愛がられた。やがて、立派な鮭になるよう期待がこめられていた。

学生時代の渾名《あだな》は「ベルベットの上着」。晩年に住んだ南海の島では〝トゥシターラ（物語る人）〟と呼ばれて慕われた。

代々有名な灯台建築技師の家柄で、トマス・スティーヴンスンの一人息子。

灯台ファミリーと呼ばれる一族は五代にわたって、灯台の仕事に従事したくらい、結束の固いファミリーであった。スティーヴンスンは子どものころから病弱ではあったが、松陰と同じく仲睦まじい父母によって、やはり厳しくも愛情深く育てられた。

つまり、二人とも実に家族愛に恵まれていたのである。

スティーヴンスンは、信仰心の厚い、御伽噺《おとぎばなし》を得意とする乳母のアリスン・カニンガムによって、退屈なベッドでの暮らしを想像力溢れる物語の世界に変えることができた。〝カミー〟と呼ばれたこの乳母は、躾も厳しく、迷信深く、聖書に書かれていることをすべて信じ、忠実に守ろうとした。

スティーヴンスンに悪魔や地獄の恐ろしさを教えたのも彼女である。

そのせいか、病弱で感受性が強い彼は、夜中に引きつけを起こしたり、悪夢にうなされることも度々であった。

乳母は伝記物も好きで、よく読んで聞かせたことから、彼は伝説の英雄たちの話も好み、また子どものころからの詩人でもあった。

六歳になったばかりの彼が最初に口述筆記によって創作した物語は『モーゼの物語』であ

る。

本として印刷された最初の著述は、十六歳の時に書いた『ペントランドの反乱』で、母方の祖父が牧師をしていたコリントン村の近くのペントランドの丘陵地帯で、一六六六年に実際に起きた、長老主義《プレスビテリアン》を支持した盟約者《カヴェナンター》と呼ばれる人々の蜂起と悲惨な戦いを描いたものであった。

スティーヴンスンの少年時代から遡《さかのぼ》って、約二百年前、盟約者たちは、彼が幼いころいつも遊んだコリントン村の教会で、決戦前夜を過ごしていたのだ。

彼の〝心のゆりかご〟とも言われた美しい丘で起きた勇敢な人々の話は、おそらく彼らを敬う父や盟約者の子孫の家系の一人ともいわれ熱烈な信奉者であった乳母カミーによって、子守唄のように繰り返し聞かされた話であったろう。

『ペントランドの反乱』を、後年、彼は作品としては認めていなかったが、書かずにはいられなかったテーマの一つであったと思われる。

百部だけの匿名《とくめい》の自費出版で、父は費用を出したものの、スティーヴンスンが史実を物語ふうにしたのが気に入らなかったらしく、売りに出されると同時にそのほとんどを回収してしまったという。

アヘン戦争を論じた松陰の最初の本

松陰は早世した叔父の大助に代わり、自宅に塾を創ったもう一人の叔父文之進《ぶんのしん》(玉木氏を継いでいるが、兄大助に兵学を学び明倫館兵学の教授代理を務めた)によって、兄梅太郎と他、数人の少年たちとともに教育された。

この叔父は後に乃木大将の師となった人で、頑固一徹のおそろしく厳しい人だったらしい。まず姿勢を正しくしなければ本を読ませなかったというし、近所の子どもたちは、玉木先生が通るだけで、泣いていた子も泣き止んだというほど畏《おそ》れられていた。

松陰の母の滝は、まだ五歳くらいの幼い松陰を義弟文之進が「本を読む声が小さい」と言っては殴り、「朗読する姿勢が悪い」と言っては蹴り倒すのに対して、ジッと堪えている松陰の姿を目撃しては、陰で涙を流していたと伝えられている。

しかし、この叔父のスパルタ英才教育のおかげで、彼はわずか十歳で城中に召され、長州藩毛利家十三代目の毛利敬親《たかちか》の前で『武教全書《ぶきようぜんしよ》』の一部(戦法篇、三戦の条)を見事なまでに講義し、藩主は「此の子の兵学を講ずるは誠に面白く、予《よ》は知らず識らず席を前《すゝ》めた」と賞賛した。以来、たびたび御前に招かれては講義するようになった。

彼の最初の著述は、スティーヴンスンと同じ十六歳の時に書いた『外夷小記《がいいしようき》』で、これ

吉田松陰幽囚の旧宅（山口県・萩市）

は、アヘン戦争について書いたものである。

中国でアヘン戦争が起きたのは、彼が十歳の時であった。亡くなった叔父大助の門下生で、松陰の幼少時の後見人でもあった山田宇右衛門《うえもん》の指導によって、彼は少年時代からすでに世界に眼を向けるようになっていたのである。

山田は江戸で買い求めた『坤輿図識《こんよずしき》』という世界地理書を松陰に贈り「本を読み、字句を研究している場合ではない、世界情勢を広く観察すべき時だ」と説いた。それ以来、彼はますます世界の動きを察知しようと努力していた。

父の百合之助は、謹直、厳格、文武両

道に励み、神仏にたいする信仰心（浄土真宗）の篤《あつ》い人であった。

彼は「話をするな、話をする暇があれば本を読め。話は尽きるが書物は尽きるものではない」と、厳しく教育したという。

武士とはいえ、貧しい半農半士であったため、息子たちは幼いころから父の野良仕事を手伝い、鍬《くわ》や鎌《かま》の手を休めては父と一緒に詩を吟じるのが楽しみであった。

こうして父は、畑で働きながら藩祖毛利元就《もとなり》の勤皇精神を、二人の息子に教育した。

吉田氏は松野氏という一族の末裔《まつえい》で、松野氏の遠祖は藤原行成《ゆきなり》と伝えられているところから、松陰が藤寅《とういん》と署名したりする時の〝藤〟は、この行成の子孫であるという誇りからかもしれない。

彼は、手紙の末尾に〝藤原寅次郎〟と書いたりもしている。そのせいだろうか、東京・世田谷の松陰神社にある彼の門下生たちが建てたお墓には「吉田寅次郎　藤原矩方《のりかた》之墓」と彫られている。

科学と文学が二人の共通項

スティーヴンスンの父トマスは、スコットランド人の気質である誠実、実直、質実剛健に加えて、技術者特有の頑固さを持っていた人で愛犬家としても知られていた。

信仰心篤く、慈善事業にも陰ながら尽くすような優しい人柄であったが、反面、倹約家で厳格な父親でもあった。

スティーヴンスンは、子どものころから病弱なために、一貫した学校教育を受けてはいない。母も蒲柳《ほりゅう》の質であったため、両親とともに小さい頃からヨーロッパ各国の保養地に長期滞在をした。そして異なる文化や言語に接することで、あらゆる国のさまざまな階層の人々を観察し、その暮らしぶりを見聞して社会勉強をした。

ラテン語、ギリシャ語は得意ではなかったらしいが理解し、ドイツ語も話し、フランス語は母国語同然に話すことができたという。

それは、早くから子どもに社会性を身に付けさせることこそ教育であると考えていた父トマスの教育方針でもあったらしい。学校に行かない時は、旅先でも家庭教師をつけた。

そして肺が弱いとはいえ少し丈夫になってきた十二、三歳頃から、父トマスに従って英国各地の島や海岸に旅行して、港や灯台建設に関する実地教育を受けるようにもなる。

スティーヴンスンの母マーガレットは、コリントン村の牧師ルイス・バルフォア（名誉神学博士）の十二番目の娘で、バルフォア家は十五世紀まで遡ることができ、ピルリグのバルフォアといえば、地方の名門の家柄であった。

父方の祖父のロバートは後年貴重な書物のコレクターの一人としても知られていたようだが、自身も技術関係の著作を六十冊近く出版したという。彼の後継者となった三人の息子たちもそれぞれ数冊の技術関連の本を出版している。

また、英国でもっとも美しい灯台スケリーボアーの設計者であったスティーヴンスンのもう一人の伯父アランは、詩人・ワーズワースとも文通しており、ギリシャ語の讃美歌十篇を翻訳したりするほどの文学好きであった。

松陰の先祖とされる藤原行成は、平安時代、小野道風《おののとうふう》、藤原佐理《すけまさ》とともに〝三蹟《さんせき》〟と言われたほどの能書家である。

松陰が、野山獄《のやまごく》から妹の千代に宛てた手紙に、

「杉の家法に世の及びがたき美事あり、第一には先祖を尊び給ひ、第二に神明を崇め給ひ、第三に親族を睦まじく給ひ、第四に文学を好み給ひ――」

とあるのは、やはりこの藤原行成が常に彼の頭の隅にあったということであろう。

つまり、松陰もスティーヴンスンも期せずして科学と文学とをその背景に持っていると言えそうである。

「脱藩」を説明できなかったスティーヴンスン

さて、『ヨシダ・トラジロウ』の記述と史実には、どんな違いがあるのであろうか。

幕末当時、太平洋だけでなく日本海においても外国船（主に捕鯨船）が出没し、その数は年々増えていった。

日本漁船が掠奪を受けたとの噂もあり、北国の国防にも松陰は危惧《きぐ》を抱いていた。熊本藩士宮部鼎蔵《みやべていぞう》に誘われて、一八五一年、東北地方への自費遊歴許可を藩に願い出て許しが出た。

旅費の一切は父兄が調達した。ということは、優秀な彼が一族の誉《ほま》れでもあり、期待の星でもあったからであろう。

そして宮部のほかに、東北に密かに仇討《あだう》ちの旅に出ようとしていた江幡五郎《えばたごろう》も加わったために、赤穂浪士の仇討ちにあやかり、彼らが本懐を遂げた十二月十五日（旧暦）に高輪《たかなわ》の泉《せん》岳寺《がくじ》から出発しようと約束した。

ところが、藩主が江戸を留守にしているからと、過書（関所通行手形）が下りない。同藩の友人来原良蔵《くりはらりょうぞう》に掛け合ってもらうと、どうやら江幡の仇討ちの話が洩《も》れているらしい。

しかし、彼は長州藩士として、他藩人との約束を破ることは藩の恥になると考え、脱藩してでも、東北の旅を決行する道を選んだ。そこで追捕《ついぶ》を用心して十五日集合の約束は解消し、討ち入りの十四日に一人江戸を発ち、水戸で彼らと合流した。二十一回猛士《もうし》の用猛第一回である。

スティーヴンスンの原稿にある「公職を辞し――禄のない浪人になってしまった」は、この脱藩によるものであったのだが、その理由や背景などの複雑な状況は、日本人には理解できても西洋人に説明するとなるとむずかしかったと思われる。しかしスティーヴンスンは率直に「このことに関しては、私は十分に説明することができない」と書いている。

松陰の脱藩を知った江戸の長州藩邸は大騒ぎとなり、彼に追っ手がかかるところを、来原が松陰を庇《かば》い、「脱藩を勧《すす》めたのは自分である」といって罪を被《かぶ》った。そして彼は、松陰の罪科は江戸に本人が帰ってから決定するように仕向けて、彼の旅を陰で支えた。

四カ月後、松陰が江戸に戻った途端、脱藩の罪により帰国の命が下った。脱藩の罪は重く、身分剝奪《はくだつ》、家禄《かろく》は没収されたが、実父百合之介育《はぐく》みとなり、父親の監督下に置かれた。「育み」とは、長州藩独特の制度で、禄も身分もない身の上だが、百合之介に身を預け養子となることによって、長州藩士と名乗ることができたので、この措置は藩主の温情であった。

嘉永六年（一八五三）一月、再び諸国遊学の許可が下りて、その五月には彼は江戸に入ることができた。

翌六月、（太陽暦では七月八日）黒船（ペリー艦隊）が浦賀沖に来航してきた。松陰は直行し、彼らの様子を象山とともにつぶさに観察、遊学の許可を与えてくれた藩主の恩に報いるため、その報告書ともいうべき『将及私言《しょうきゅうしげん》』を書き、藩主に提出した。

しかし、これは上書で、毛利敬親《たかちか》に上呈する意見書であり、松陰の身の上ではたいへん僭《せん》越《えつ》なことであった。用猛第二回目である。

スティーヴンスンは、この時のことを「時すでに遅し、ペリーはもはや錨をあげて出帆してしまい、彼の艦隊は日本の海から姿を消していたのだった」と書いている。

日米和親条約が、松陰の密航を許さなかった

すぐ翌月の七月には、プチャーチン特使を乗せたロシア艦が、国境問題などを抱えて長崎にやってきた。

兵学者である松陰は、外国の強力な武力に対して国を守る現実的な対策を立てるためには、実地に見聞するしか方法はないと、ロシア艦に乗り込む目的で単身、長崎に向かった。

十月二十七日に長崎に着いたのだが、その二日前にロシアの艦隊は出港してしまっていた。

トラジロウが最初に浦賀に走った時はペリーの艦隊に間に合い、情勢を観察することができた。実際に乗り損ねたのは、ロシア艦のときと、二度目のペリー来航時であった。しかし、スティーヴンスンはここで「彼は一度ならず二度も艦船に乗り損ね」と書き、英雄の話として彼の挫折の人生が、ドラマチックに描かれている。

翌年の一八五四年、箱館《はこだて》（函館）から下田に回航してきたアメリカの軍艦に、松陰は金子重之助（重輔）とともに乗り込むために江戸を発つ。彼はこれを用猛第三回とした。

スティーヴンスンは、二人が朝、江戸を発ちその日の夕暮れ時には下田に着いたように書いている。しかし実際には、旧暦三月五日の夕刻に江戸を発ち、神奈川で佐久間象山と会い、叔父の竹院が住職をしていた鎌倉の瑞泉寺《ずいせんじ》に立ち寄った。下田に着いたのは、三月十八日である。

しかし、日米和親条約に調印したばかりのペリー提督に「密航者を引き受けるわけにはいかない」と通訳を通じて拒否されてしまったのである。

ペリーはアメリカ代表としての尊大さを示すために、大臣級もしくはそれに近い高官以外とは面会しないと断言していたので、松陰たちはペリーに会えるはずもなかった。

三月二十七日夜（二十八日午前二時）二人を乗せた小舟が、ペリーの旗艦《きかん》に近づいたとき、艦から離れろ、と乗組員から長い棒で突つかれてしまった。二人は夢中で、舷側《げんそく》の梯子《はしご》に飛び移った。しかし、小舟は、荷物や大刀とともに波間に消えてしまったのである。

見失った小舟が発見されると、密航が発覚してしまう。そして役人に捕縛されてしまうであろう、それは武士の恥である。

潔く二人は柿崎《かきさき》村名主のもとに自首し、下田の平滑《ひらなめ》という、畳一畳ばかりの小さな牢獄に二人一緒に入れられてしまった。

スティーヴンスンの原稿は、「ヨシダは弱冠二十二歳」と書いているが、実際は二十四歳であった。また松陰たちが武士の面目を守るために自首したことには触れていない。

連座した佐久間象山は暗殺された

下田の平滑の身動きもままならない狭い獄舎は道に面していた。松陰はここで牢番や見物人たちを前に、日本の国が今どんなに危険な状態に置かれているか、日本人として何をなすべきかを熱心に語った。

スティーヴンスンは「彼は、一般の見物人たちに訴える機会を捉えて」という場面を松陰が処刑される寸前の評定所での出来事として描いているが、一般の人々に切々と訴えたのは、じつはこの下田の郊外、平滑の獄であった。

松陰は、金子に対しても、このように死を目前にした学問こそ、名誉や利益を目的としない純粋なものだと説いた。そして、平滑の獄の牢番から書物を借りて二人で学び、その牢番も松陰から大いに影響を受けた。

そして、四月十一日の朝、江戸に護送された。

高輪の泉岳寺《せんがくじ》の前を通りかかった時に、松陰は、

かくすればかくなるものとしりながら
やむにやまれぬ大和魂

と、自分の心境を詠み赤穂浪士に捧げたと伝えられている。

松陰は取り調べに対して、密航を企てたことは認めたが、師・象山の不利になることは一言も喋《しゃべ》らなかった。

しかし、象山が添削加筆《てんさくかひつ》した松陰の『投夷書《とういしょ》』と、前年秋の長崎行きの時に贈られた象山の詩が、見つかった小舟の荷物の中にあり、これが動かぬ証拠となって象山も連座してしまった。

幕府は、それぞれに自藩幽閉、在所蟄居を命じた。

松陰は九月二十三日、檻輿《かんよ》（竹でできた檻《おり》のような駕籠《かご》）で江戸を出発した。

象山が松陰のために書いた詩『義卿《ぎけい》を送る』の一節。

環海《かんかい》何ぞ茫茫《ぼうぼう》たる　五州自ら隣を為す
周流形勢を究《きわ》めよ　一見は百聞に超《こ》ゆ
智者は機に投ずるを貴び　帰来須《すべか》らく辰《しん》に及ぶべし
非常の功を立てずんば　身後誰れか能く賓《ひん》せん

象山は、蟄居《ちっきょ》八年（一八五四～一八六二）、「禁門の変」直前の元治元年（一八六四）七月十一日、刺客により暗殺された。五十三歳。

スティーヴンスンが描くところの佐久間象山の幽閉に関しては「間もなく釈放された」と

ある。「間もなく」は八年間であった、ということになる。

下田事件の同志・金子は何者だったか

足軽イチギ・コダとは金子重之助のことで、天保二年（一八三一）、長門阿武郡紫福《しぶき》村に生まれた。

名を貞吉、変名は渋木松太郎、市木公太、大日本無二遊生という。

父茂左衛門は染物業を営む商人だったが、家業を嫌って長州藩の足軽、金子家の養子に入り、久芳内記《くばないき》組下《くみした》の足軽となった。小柄で才気煥発《さいきかんぱつ》の人だったらしい。しかし、萩の岩倉獄《いわくらごく》で疾病《しっぺい》のために、二十四歳の若さで亡くなってしまった。

金子重之助は二十三歳の時に江戸に出て、長州藩邸に近い桶町河岸《おけちょうかし》に鳥山新三郎《とりやましんざぶろう》が開いていた私塾〝蒼龍軒《そうりゅうけん》〟に出入りしていた。そこで友人の肥後藩士の永鳥三平《ながとりさんぺい》から、松陰が外国へ密航しようとしていることを聞いて、同行しようと決意した。長崎へ向かった松陰のあとを追ったが、追いつけずに江戸へ引き返したという。

その後、長崎から江戸に戻ってきた松陰と、鳥山塾（蒼龍軒）に同寓し、世界の大勢について共に学び、一歳年長の松陰に深く傾倒した。

ということは、スティーヴンスンの「ヨシダの運動を漠然と噂に聞いて――」という記述のほうが、F・J氏（ジェンキン教授）の注釈よりは近いことになる。

松陰の伏見要駕策《ふしみようがさく》と少年「ノムラ」

少年「ノムラ」が出てくる。彼は野村和作（後に靖、一八四二〜一九〇九長州藩軽卒）のことである。兄の入江杉蔵《いりえすぎぞう》（後に九一《くいち》、一八三七〜一八六四）とともに松下村塾に学んだ。杉蔵二十歳、和作が十五歳の時である。

幕府との対立の中で、松陰が企図した五つの直接行動の一つに「伏見要駕策《ふしみようがさく》」がある。これは、藩主毛利敬親らが三月の参勤交代のため、京都伏見を通る際、三位《さんみ》の大原重徳《おおはらしげとみ》に、自ら伏見に出向き、毛利の京都入りを説得してもらおうというものであった。つまり朝廷で最も気骨ある公卿として知られた大原から、長州が討幕の旗を揚げるように勧めさせる、というものである。

この計画を実現する密使として、安政六年（一八五九）二月二十四日、十六歳の「ノムラ」は兄に代わって、師である松陰の大原重徳あての書を持って、藩を脱走した。単身出発したのだが、かつての同志から秘密が漏れ、藩当局の知るところとなった。京都の藩邸に自首して捕えられ、この件で兄も、また他の門人も投獄されてしまった。
しかし、スティーヴンスンは、ノムラが兄と二人で討伐《とうばつ》（これは老中間部詮勝《まなべあきかつ》要撃策と混同か）の旅に出たことにしている。

井伊直弼《いいなおすけ》が朝廷を取り巻く反幕府勢力を一掃しようとして、老中の間部詮勝《まなべあきかつ》を京都に送り込もうとしたとき、松陰はこれを待ち伏せして襲うという計画を立てた。

兄の杉蔵は、この仲間に加わったが、江戸にいた高杉晋作《たかすぎしんさく》、久坂玄瑞《くさかげんずい》、飯田正伯《いいだしょうはく》、尾寺《おでら》新之丞《しんのじょう》、中谷正亮《なかたにしょうすけ》らは時期尚早、と慎重で、松陰の呼びかけに応じなかった。

松陰は、この計画のために藩に武器貸与を願い出た。藩当局はことの重大さに驚き松陰のよき理解者でもあった重職の一人、周布政之助《すふまさのすけ》は松下村塾の閉鎖を命じた。そして、病の床にあった父の百合之助に、松陰の借牢《かりろう》を願い出よと指示、野山獄《のやまごく》再入獄となった。周布らは藩と松陰を反幕の過激な行動から守ろうとしたのである。

松陰の計画は失敗、実行できなかった。

彼ははじめて、門下生の反対にあい、激昂した。このとき、野山獄をたびたび訪れて傷ついた松陰の心を慰めたのが、杉蔵・和作の兄弟だったのである。そして実際に、トラジロウが江戸に連行されるのは、この時から五カ月後のことであった。

松陰が再入獄した野山《のやま》獄《ごく》跡

スティーヴンスンに松陰のことを話して聞かせた正木退蔵が、この二つの話を混同したとは、私にはとても思えない。退蔵が村塾に入った年は、塾は最盛期であった。しかし、その年の暮れには、松陰は再入獄してしまう。塾のもっとも充実した時期に閉鎖という緊張感の漂う中で、少年退蔵は大変なショックを受けたであろう。そして翌年二月、伏見要駕策のために、少年ノムラが脱走するのだが、この重大な局面を退蔵が一緒にするとは考えにくい。

スティーヴンスンは、『ヨシダ・トラジロウ』の冒頭で、この作者は私ではない、と書きながらも、実際は、彼の想像力を駆使したと思う。失敗と挫折の連続であったトラジロウを、スティーヴンスン自身、まちがいや失敗を恐れずに書いたのであろう。それが結果として、史実を越えたところで、本物のトラジロウと雲の上で巡り合っていたのではなかろうか。

杉蔵・和作兄弟は、足軽の父を亡くし貧窮の身であったため、母親が長男杉蔵を泣いて引き止め、弟が兄の代わりに伏見要駕策の密使となり途中で捕えられた。

兄の杉蔵も連座して二人とも一年余り岩倉獄に在獄した。

杉蔵は、後に高杉晋作、久坂玄瑞、吉田稔麿《としまろ》たちとともに、松下村塾の「四天王」と呼ばれた。しかし、このすばらしい人間も、元治元年、禁門の変で久坂らとともに戦死（自刃）してしまった。二十七歳であった。

なぜ、井伊直弼《いいなおすけ》は強権政治に走らざるをえなかったのか

スティーヴンスンの原稿に出てくるクサカべは、日下部伊三次《くさかべいそうじ》（一八一四〜一八五八）のことと想像される。

彼は薩摩藩の志士で名は信政（後に翼）ともいう。薩摩浪人海江田伊三次《かいえだいそうじ》（日下部訥斎《とっさい》）の子として水戸で生まれた。父のあとを継ぎ、水戸領太田学校の教師をしていた関係で水戸

藩と薩摩藩の尊攘派の提携に務めた。

安政五年（一八五八）一月、日米修好通商条約の交渉が妥結したが、調印は幕府が勅許を仰ぐために延期された。

しかし、四月二十三日に彦根藩主・井伊直弼が大老に就任するや、幕府は六月十九日、無勅許のまま条約に調印してしまった。

続く六月二十五日、直弼は強引に将軍継嗣を紀州の徳川慶福《よしとみ》（家茂《いえもち》）に決定した。

ついに、水戸老公の徳川斉昭《なりあき》ら一橋派は井伊大老に激しく詰めよった。なぜなら十四代将軍を一橋慶喜《よしのぶ》にするという約束で通商条約調印の勅許を朝廷に働きかけていたからである。

この時期、日下部伊三次は、水戸、福井、薩摩藩の有志らによって京都に送り出され、鷹《たか》司政通《つかさまさみち》、近衛忠熙《このえただひろ》、三条実万《さんじょうさねつむ》らを説得し、幕政改革のための勅掟が水戸藩に下るように運動をする一人となったのだった。

井伊大老を引きずり降ろさなければ、日本の構造改革はできないと判断したのである。

当時、京都に住んでいた高名な人物たち、佐久間象山、松陰とも知己の梁川星巌《やながわせいがん》、梅田雲《うめだうん》浜《びん》、頼山陽《らいさんよう》の息子の頼三樹三郎《らいみきさぶろう》といった人々もこの運動に加担《かたん》した。

徳川斉昭に攘夷の実現をはからせようという運動は功を奏して、

「幕府は三卿《さんきょう》（徳川将軍家の分家の田安、一橋、清水家）、家門（御三家以外の徳川氏・松平氏）、列藩と衆議を尽くして徳川を扶助し、公武合体をはかり国内を固めて外夷の侮《あなど》りを受けないように列藩一同に伝達せよ」

という内容の勅諚《ちょくじょう》――「戊午《ぼご》の密勅《みっちょく》」と呼ばれるものが、八月八日水戸藩に下された。幕府へは、同文のものが二日後の十日に渡された。

この密勅によって、今度は幕府側、つまり井伊大老は激怒した。

直弼は衰退した幕府の権威をひたすら守るため、強権政治に乗りだし、「安政の大獄」を招くことになったのである。

こうして、幕府の大変革を必死で画策する者たちへの大弾圧の幕は、切って落とされたのである。

松陰の同囚クサカベに関する疑問

この安政五年（一八五八）戊午の年は、馬か駕籠あるいは徒歩、そして風のない時には徒歩より遅い船の時代にあって信じられないほどの早さで事が進んでゆく。

梅田雲浜や日下部伊三次らは、次々と逮捕されていった。

伊三次は、水戸藩京都留守居役、鵜飼吉左衛門《うがいきちざえもん》に渡ったこの勅諚の写しを持って、吉左衛門の息子の幸吉《こうきち》とともに、木曾路を江戸に下った。しかし、幕府による安政の大獄に、自分の息子の祐之進《ゆうのしん》ともども巻き込まれ、江戸で捕らわれて、伝馬町の獄に繋がれてしまった。彼は訊問拷問に対して絶食で反抗し、十二月十七日、ついに四十四歳で牢死した。

息子祐之進は、翌安政六年十月二十七日、遠島の刑に処せられたが、島に送られぬうちに、翌三月三日、獄中で病死した。二十四歳であった。

松陰が江戸伝馬町の獄に繋がれたのは安政六年七月九日で、その時すでに伊三次は約七カ月前に獄中で壮絶な死を遂げていたのだ。松陰は処刑前日（同年十月二十六日夕方）に門下生たちへ残した遺書『留魂録《りゅうこんろく》』の中で伊三次のことをこう書いている。

「聞く、薩の日下部以三次《ママ》は対吏の日、当今、政治の欠失を歴して、『是くの如くにては往先三五年の無事も保ち難し』と云ひて、鞠吏《きくり》を激怒せしめ、乃《すなわ》ち曰《いわ》く、『是を以て死罪を得るといえども悔いざるなり』と。是れ吾れの及ばざる所なり」

つまり、松陰と同囚だったのはクサカベはクサカベでも伊三次ではなく、その子祐之進だったのである。

安政の大獄をスティーヴンスンはどう見たか

『留魂録』の中には、日下部父子と似たような長谷川父子のことも記されている。

「讃の高松の藩士長谷川宗右衛門、年来主君を諌め、宗藩水家と親睦の事に付きて苦心せし人なり、東奥揚屋にあり。其《そ》の子速水《はやみ》、余と西奥に同居《いき》す。此の父子の罪科如何《いかん》未だ知るべからず。同志の諸友切に記念せよ。予初めて長谷川翁を一見せしとき、獄吏左右に林立す、法、隻語《せきご》を交ふることを得ず。翁独語するものの如くして曰く、『寧《むし》ろ玉となりて砕《くだ》くるとも、瓦《かわら》となりて全《まった》かるなかれ』と。吾れ甚《はなは》だ其の意に感ず。同志其れ之れを察せよ」

こう書かれているところから、松陰が獄で同室（西奥揚屋）であったのは、長谷川の息子速水のほうであった。揚屋というのは未決囚の牢屋のことである。

彼らは安政六年十月、父子共に永牢《ながろう》の刑を言い渡された。

宗右衛門は同囚ではあったが、東奥の牢屋に入れられており、囚人同士の会話が許されていなかったために、彼の左右に牢番が付いて松陰たちの牢屋を通りかかった折に、「大丈夫寧ろ——」と独り言のようにして呟いて、息子速水と同室の処刑される寸前の松陰を励ましたのであった。

長谷川宗右衛門は享和元年（一八〇一）、讃岐高松の藩士松崎氏の息子として生まれたが、後に高松藩の重臣長谷川氏を継いだ。

彼はペリーが来航した時、海防策を著わして水戸藩主徳川斉昭と京都の公卿三条実万に献上している。

井伊直弼の違勅調印に抗議した斉昭らとともに、彼は屏居《へいきょ》を命じられ、その後、脱藩した。

彼の息子速水は、大獄で高松藩邸に幽閉されていたが、父の志を継ぎ、密かに亡命して脱藩した父のあとを追い、再び江戸に戻り、日下部伊三次父子の家に潜伏していた。

しかし、伊三次父子が捕われたために、厳しい幕府や藩の探索から逃れられないと判断したのであろう。同年八月、息子は父に代わって自首。しかし、父も息子だけに罪を負わせたくないと大坂の高松藩邸に自首し、身柄を幕府に渡されて、父子ともども伝馬町の獄に投じられた。

こうして、松陰とともに同獄していた長谷川父子は、永牢を言い渡され、国もとである高松の獄舎に下った。

息子の速水は、伊三次の息子祐之進の運命とまったく同じように二十五歳の若さで万延元年（一八六〇）、獄中で病死した。

宗右衛門は文久二年（一八六二）に放免となり、明治三年（一八七〇）、六十九歳で病没している。

スティーヴンスンの言う「隣の独房」には、伊三次父子と知己で、しかも同じような運命にあった宗右衛門父子の父のほうが、二、三室を隔てたとはいえ、とても近い隣のような所にいたのである。

二十五歳、橋本左内《はしもとさない》について松陰が書き残したこと

「大丈夫寧ろ――」という詩は、伊三次の凄絶な最期にふさわしい。

同じ志を持ち、同時期に捕えられた宗右衛門は、ひょっとしたらスティーヴンスンが書いているように、伊三次が吟じた詩を自分自身の励ましの言葉としていたのかもしれない。そして、松陰に対しても、尊敬と激励と愛惜の念を込めて、先に逝った伊三次の心を伝えようとしたとも考えられる。また、退蔵は先輩からそう聞いていたのかもしれない。

しかも、宗右衛門がこの詩をつぶやいた時、伊三次の息子もそばにいたのである。

遠い異国で、日本の動乱期のことを語る退蔵の記憶の中で、あるいはスティーヴンスンの頭の中で、長谷川父子と日下部父子とが置かれた境遇があまりにも似ていたために、二つの

父子の話が一つになってしまったのであろうか。

もしかしたら、紛らわしさを避けるために創作上敢えて一つの話にしたということも考えられるが、それも私の思い過ごしであろうか。

松陰の処刑判決が下された日、評定所には他に二人の若者が送られていた。日下部祐之進と勝野《かつの》森之助（森之丞）の二人が先に評定所に入り、彼らに遠島の判決が下されるとすぐその後に、松陰が呼ばれた。

つまり、スティーヴンスン書くところの「クサカベの運命が先に奉行たちの前で審理されることになった」のだ。

勝野森之助の父勝野豊作《とよさく》は江戸の志士で、伊三次や水戸藩士鵜飼吉左衛門らとともに密勅降下に奔走した。

安政の大獄が始まった時、豊作は何とか潜伏することができたのだが、代わりにその妻と子息森之助、保三郎（勝保）らが捕えられた。

豊作の居場所をつきとめるために、幕吏は妻子を拷問したが、彼らは屈しなかった。

森之助は、三宅島に流された。

保三郎は、越前藩の藩医、橋本左内《さない》（二十五歳で斬罪に処された）と伝馬獄の東奥揚屋で同室であったが、後に西奥に移り松陰と同室になったのである。

「越前の橋本左内、二十六歳（数え年）にして誅せられる。実に十月七日なり。左内東奥に坐する五六日のみ。勝保同居せり。後、勝保西奥に来り予と同居す。予、勝保の談を聞きて益々左内と半面なきを嘆ず」―留魂録―

松陰に東送の命が下った時、彼の罪名はさだかではなかった。七月九日、評定所から呼び出され、幕吏の訊問を受けた時の最初の嫌疑は、梅田雲浜の一味であったかどうかであった。

彼らは意外にも、彼の国を想う心に格別の理解を示した。松陰はその時、奉行たちが彼に甘い罠をしかけていることにまったく気づかなかった。

人を疑うことを知らない松陰は、孟子の言う「至誠にして動かざる者は未だ之れ有らざるなり」を信念として、国家の大事にあたって幕府の取るべき対策を誠実に訴えた。その際に、間部《まなべ》要撃策と伏見要駕策について、なぜそのような計画を考えるにいたったかを真心こめて語った。彼はこの件についての情報を彼らは握っていると判断していた。

国家存亡の危機に際して、自分の考えを聞いてもらえる絶好の機会とも受け止めてしまっていたのである。

松陰は正直すぎて、死罪を言い渡されることになったというのだが、はたして真相はどうだったのであろう。スパイを縦横に駆使して反幕運動を抑えようとしていた幕府が、松陰の目立ちすぎるほどの行状を本当に知らなかったのであろうか。

松陰の最期「実に無念の顔色なりき」

松陰はついに奉行たちの真意を知った。

伝馬町の獄に下って三カ月後の十月二十日、母滝と別れる時に、今一度必ず帰ると約束したにもかかわらず、果たせず、父、叔父、兄、門人宛てに遺書を書いた。

その永訣書に書かれた一首、

親思ふこころにまさる親ごころ
けふの音づれ何ときくらん

いよいよ処刑当日の朝、伝馬町の獄で評定所への呼び出しの声を聞いた松陰は、最後の一首を懐紙に認《したた》めた。

十月二十七日呼出の声をききて　矩之
比程に思ひ定めし出立ハ
けふきくこそ嬉しかりける

名は「矩方」であるのに、この時、松陰はなぜか「矩之」と書いた。罪人として処刑される身となったため、他に迷惑を及ぼすまいと咄嗟《とっさ》に変名を思いついたのであろうか。この名前は、謎を秘めていて、彼の心の動揺と緊迫感が一層伝わってくるような気がする。

しかも絶筆となったこの一首は、書いてすぐに第四句の字数が足りないことに気付き、あわてて「きく」の横に「、」という読点を打ったまま、警吏に引き立てられて行ったというのである。これから斬首されるというのに、なんという生真面目さであろうか。

評定所で死罪の申し渡しがあり、即座に連れ出される時に口誦したと伝えられる一首。

辞世の詩
吾今国の為に死す

死して君親に背《そむ》かず
悠々たり天地の事
鑑照明神に在り

身はたとひ　武蔵の野辺に朽《くち》ぬとも　留置《とどめおか》まし大和魂

松陰は死罪を申し渡され、縛られる時、「誠に気息荒く、切歯し、口角泡を出る如く、實に無念の顔色なりき—」と、世古格太郎《せこかくたろう》という人が書いた『唱義聞見録《しょうぎぶんけんろく》』にはある。

彼は、伊勢国松阪出身の勤皇家で、国学を学び、伊三次らが運動した水戸藩への密勅降下に尽力したため、大獄に連座して捕らえられ、やはり伝馬獄に一年間投獄されていた人物である。

日本を救う大事はこれからという時に、死なねばならぬ我が身の運命と、誇り高き人物が、人生最後の舞台に荒縄でくくられようとは、彼の恥辱は最高点に達していただろう。想像を絶するほどの悔恨と無念さを嚙み締めていたのである。

しかし、ひとたび覚悟を決めると、いざ駕籠に押し込められるという時、同心が「御覺悟は宜《よろしゅ》うゴザリ升《ま》す歟《か》と、寅次郎答に素より覺悟の事でゴザリ升す、各方《おのおのがた》にも段々御世話に相成升《あいなりまし》た」と、言ったという。

後に残った同心の一人は、「ア、、惜しき者なれと（ど）是非もなき事と歎息せり」と、記述されている。

処刑された場所は牢の東南の片隅、そこには柳の木が一本あった。

松陰の首を斬ったのは、首斬り役人として有名な山田浅右衛門であった。

萩にある松陰遺墨展示館内の説明には、

「処刑に立ち会った役人が『何か言いおきたいことなきや』と聞くと、松陰は『この期《ご》に至り格別申しおくことなし、が、お言葉に甘え、いざお斬り下されと申すまでは暫時《ざんじ》おひかえのほどを』と言い、おもむろに水をおし戴《いただ》き、三口飲んだあと声高らかに、辞世の詩を朗唱し終わると肩衣を脱ぎ、静かに膝の下へ敷物とし、『お役なれば、さあどうぞ』と首をさしのべ斬らせたとある」

と書かれていた。

松陰は笑みさえ浮かべ、従容《しょうよう》として桜の花びらのように散っていったのであろうか。

『ヨシダ・トラジロウ』では三十一歳となっているが、二十九歳（数え年三十歳）であった。

第4章　松陰伝がサンフランシスコで執筆された理由

——文豪にとって、松陰は「勇気」であった

松陰はスティーヴンスンにどんな影響を与えたのか

スティーヴンスンが、エディンバラのジェンキン教授の家で正木退蔵《まさきたいぞう》に出会い、松陰の話を聞いて深く感銘したのは、一八七八年の夏ごろであった。

そのころ、彼は若手の作家として、将来を期待されつつあった。

松陰より二十歳年下のスティーヴンスンは、どんな人生を送っていたのだろうか。

友人の物理学者ユーイングは、あのクサカベが吟じた漢詩「大丈夫《だいじょうぶ》寧《むし》ろ玉となりて砕《くだ》くべし　瓦《かわら》となりて全《まっと》うすること能《あたわ》ず」という言葉が、その後のスティーヴンスンの人生のモットーになったと書いている。なぜ、ユーイングはそう思ったのだろうか。

ユーイングの文章は、スティーヴンスンを知る友人・知人が思い出を綴った『アイ・キャン・リメンバー・ロバート・ルイス・スティーヴンスン』の中に収められている。一九二二年の出版で、スティーヴンスンが亡くなってから二十八年が経っている。ユーイングは、六十七歳になっていた。

しかし、それまでに、スティーヴンスン没後、じつに多くの人々が彼について書いている。ユーイングも当然これらの書物を読んでいたであろう。そして、ユーイング自身、青春のきらめきに対する追慕もあったにちがいない。

それにしても、四十四歳で没したスティーヴンスンの生涯を振り返って、彼はどうして、クサカベの漢詩と彼の人生とを結び付けたのであろうか。

ユーイングとスティーヴンスンの二人にとっては、ジェンキン教授宅で退蔵に会った晩が、最後の晩餐となった。忘れられぬ夜となったわけだが、スティーヴンスンの様子がいつもと違い、トラジロウに対するのめり込み方が尋常ではなかったことも、おそらく彼の印象に残ったのであろう。

当時、スティーヴンスンは、愛する人との別離を迎えていた。

ジェンキン教授夫妻は、そんな彼の心の動揺を察していたのかもしれない。あるいは、旅に出ることによって、悲しみを癒そうとしていたスティーヴンスンが久しぶりに帰ってきて、単に声をかけただけだったのだろうか。

遠い異国の訪問者である正木退蔵の本来の用件は、教授からユーイングを紹介してもらうことであった。いずれにしろ、父トマスが日本人の世話をしているとはいえ、スティーヴンスンにとっては、関係のないことであった。

ところが、熱気溢れる集《つど》いとなったこの晩をきっかけとして、ユーイングは招きを受けて日本へ、スティーヴンスンは秘密裡にアメリカへと旅立つことになるのである。苦学生であったユーイングは官費で、しかも法外な給料を約束された優雅な旅であった。お坊っちゃまスティーヴンスンは、それとはまったく反対に、格安の移民船で、十分な旅費も持たず、艱《かん》難《なん》辛《しん》苦《く》の旅路を選ぶのであった。

どうして、こういうことになったのであろうか。

日本人と知り合ってからのスティーヴンスンの人生について、触れておきたい。

その運命的な出会いは、最悪の時期であった

藤倉見達《ふじくらけんたつ》が、エディンバラにやってきたころ、スティーヴンスンは法科の学生として、勉強をしていた。

二十四歳で法廷弁護士の資格を取り、看板を掲げたものの二、三カ月でやめて、いよいよ本来の目的であった本格的な作家活動に入っていた。

一八七六年の八月、友人のシンプスンとともにカヌーを漕ぎながら、ベルギーのアントワープからフランスのポントワズまでの船旅をして書いた旅行記『内陸の舟旅』が、一八七八年には出版社からの初めての本として世に出ることにもなる。

またそのカヌーの旅の際、フランスで絵画の勉強をしていた従兄のアラン（伯父アランの息子）を訪ね、彼の友人の画学生たちに紹介された。その中に母娘の画学生がいて、その母のほう、三十六歳のファニー・オズボーンと運命的な出会いをする。

彼女はアメリカ人で、不実な夫に愛想をつかしていた。彼女の夫は、お金があっても女遊びに費やしたりして、約束の仕送りも断つような身勝手な男であった。

三人の子どもを抱えて、やっとの思いで当時はまだ珍しかった女流画家を母娘ともどもめざして、フランスにやってきたのだが、旅の無理が祟《たた》ったのか、一番下の幼子を亡くしたばかりで、経済的にも精神的にも失意のどん底にいた。

純情一途なスティーヴンスンは、彼女を慰め励ましているうちに、一日も早く夫と離婚して自分と結婚すべきであるという熱意を燃やしていったのである。

郷里のエディンバラでは、彼が十歳も年上のヤンキー女性に引っかかったという悪い噂が流れ、父トマスは早速交際をやめさせるべくパリにやってきた。ところがとんでもないことに、スティーヴンスンは父の意志に反して、ファニーを自分の妻です、と紹介し、彼らの愛が真剣なものであることを告げたのである。

しかし、苦労人のファニーは、この恋愛が非現実的なものであることを知っていた。

彼女は娘とともに画家を目指すほど進歩的で行動派の女性であった。しかし、女性の参政権も認められていない時代、女性にとって離婚は、社会から疎外されることを意味しており、二人の子の母親としても慎重にならざるをえなかったのである。

しばらくして、身勝手な夫から、子どもと一緒に帰国しなければ仕送りを断つと言われ、しかたなく自活の夢とスティーヴンスンの愛を振り切り、一八七八年八月、アメリカに帰ってしまった。

スティーヴンスンが、退蔵に出会ったのはこの夏のことである。

彼の両親は、胸をなでおろしていたであろうが、息子は途方もない孤独感に陥っていた。以前、初恋に破れ、落ち込んでいたこともあった彼だが、それはあくまでもプラトニックな愛であった。

ファニーとは、パリで同棲生活を送っていた。彼女たち母子の滞在費を浮かせる必要もあったのであろう。しかし、その費用は、父トマスからの仕送りがほとんどであった。生活のため、夫のところへ帰っていかねばならない彼女に対して、男としての不甲斐なさに打ちのめされていた。

プライドが高く、嬉しいといっては泣き、悲しいといっては泣く男は、小さな旅に出た。ロバを連れて、フランスのセヴェンヌ地方に出かけたのである。メスのロバはモデスティンと名付けられた。モデストー（淑《しと》やかという意味）をもじったものである。

しかし、従順そうに見えたロバだが、まったく彼の思いどおりにはならず、かえって彼の旅は彼女に振り回されてしまった。この旅は、現実と重なりあうようなユーモアと皮肉たっぷりの、それでいてファニーに対する愛に溢れた傑作『驢馬《ろば》と旅して』になる。ロバは、質素な身なりのやさしい目をしているように感じられた。頑固で、上品なところもあった。そして小柄であった。それはまさしく、ファニーそのものであった。

文豪は、なぜサンフランシスコに行ったのか

それから約一年後の夏、ファニーから精神的不調を訴える内容の電報が届いた。彼女からのSOSである。

一年もの間、ひたすら待ちつづけていた連絡であった。彼は急いで小さな旅支度をした。親友たちの大反対を押し切り、両親には告げず、親友バクスターからお金を借り、原稿料などを足してもわずかな金額を手に、旅立ったのである。貧しい移民の人々の中に入って、大西洋横断、大陸横断という、身体の弱い者にとっては無謀とも思える旅を決行、愛するもののために生きようと、心は白鳥のように飛び立ってしまったのである。

天候も体調も悪く、飲まず食わずのような状態で約十日間の船旅をして、一八七九年八月十七日、ニューヨークに着いた。さらに、アメリカ大陸を西部へと再び移民で溢れ返る汽車に乗り込み、何度も乗り継ぎをして、サンフランシスコに向かった。

途中の八月二十日、汽車の中で彼のアメリカ行きに大反対した友人の一人コルヴィンに宛てた手紙の中で彼はこう書いている。

「あらゆることに挑戦するまでは、ひとかどの人間とはいえない。私は今、あらゆることに挑戦した気がしている、ひょっとしたら一人前の男になれるかもしれない」

移民船の中でも最下層の人々が乗る大部屋ではなく、二ギニーを追加して、小さな机のついた二等船室の切符を買った。しかし、単に仕切りがあるというだけの船室の狭いベッドは、ノミの住み処《すみか》であった。痒《かゆ》みで眠れず、天気の時は甲板に寝袋を敷いて寝た。汽車の旅でも下痢を起こし、安眠を得ることはできなかった。

この時の体験を『素人移民』と『大草原横断』という作品にするのだが、これは父トマスも友人コルヴィンも認めず、『大草原横断』はスティーヴンスンが亡くなる二年前に、また『素人移民』は、死後、やっと出版されるのである。

ファニーは温《あたた》かく迎えてくれたか

今まで経験したことのない困難を味わって、ファニー母子の住むカリフォルニアに辿り着いた彼は、彼女を助けにきた長身のプリンスではなく、ヨレヨレの「ベルベットの上着」を、骨と皮ばかりに縮んだ身体に纏《まと》った、案山子《かかし》のようであった。

健康をそこない、彼に助けを求めたはずのファニーであったが、もうそのころは快復していた。フランスで知り合った繊細で病弱な青年作家が、本当にアメリカにやってきてしまったこと、しかも六千マイルにもおよぶ辛い長旅で、変わり果ててしまった姿に愕然《がくぜん》とし、よほど困惑してしまったのであろう。彼女は、小さな港町モントレーで、醜聞が立つことを今になって恐れた。そのうえ週末には、夫がサンフランシスコから子どもに会いにやってくる。スティーヴンスンを温かく迎えることはできなかった。

傷心の彼は、安宿に泊まり続ける余裕もなく、カーメルの谷でキャンプ生活を始めるのだが、霧の中で意識不明となり、死にかけてしまう。

しかし、谷に住むハンターの一家に助けられ、彼らの家で手厚い看護を受け、息を吹き返すのである。

スティーヴンスンが賭けた二人の二十九歳

ファニーは、自分のせいで若者が死にかけたことを知り、ようやく離婚を決意したのであろうか。

身勝手で女たらしの夫とはいえ、二人の子どもの父親であり、十六、七歳で結婚して以来、二十四年もの夫婦としての縁を切ることは大変なことであったと思われる。

どんなことがあっても、子どもを手放したくないファニーは、離婚について慎重に考え、また明日の生命も知れない十歳年下の若者との再婚は、大胆かつ迅速に行なわなければならなかった。ファニーは、愛人と一緒に住む夫と話し合うため、滞在していたモントレーを引き揚げてサンフランシスコの対岸にあるオークランドの自宅に帰ってしまった。

スティーヴンスンは、一八七九年のクリスマスを一人ぼっちでサンフランシスコの安下宿のベッドで迎えることになった。彼は、ファニーの離婚が成立する前後は会わないほうがいいという、友人の弁護士の意見に従っていた。

しかし、本当に彼女と結婚できるのか、英国に帰れるのか、それまではたして生きているのかどうかなどと、スティーヴンスンは、友人宛てに冗談とも本音ともいえぬ手紙を書いている。

そしてまた、手紙の中で以前、具合が悪かったのは、風邪とノミのせいばかりではなく、マラリヤに罹《かか》っていたことが判明し、これは克服したことなども報告されている。

長い旅路の果てに辿り着いたサンフランシスコで『ヨシダ・トラジロウ』を書き上げながら、己の生命と運命を賭けていたのは、小さな獄に押し込められていた二十九歳（数え年三十）の松陰だけではなく、まさにリアルタイムで二十九歳になったばかりの痩せ衰えたスティーヴンスン自身でもあったのである。

サンフランシスコのブッシュ・ストリート６０８という彼が下宿していた場所に立ってみて気づいたのだが、退蔵と出会ってから一年余も温めていた『トラジロウ』は、ここで書き上げたために「サンフランシスコで出会った正木云々」という記述が現われたのではないか、とふと思った。

やはり想像していたとおりであった。あらゆる不安から解放してくれる特効薬は、いつでも書くことそのものである。たった三カ月の間に彼がこの下宿で書いていたものは、短篇や随筆とはいえ、十二作品にもおよぶ。

スティーヴンスンは病人としてではなく、一人前の男として妻子を養う立場に立つために自分を鼓舞し、少しでもお金を得るために、弱った身体にムチ打って、新聞記事などを書く仕事もした。しかし、いよいよベッドから離れられない状態となるのである。死に直面しても己を信じ愛を信じ、言葉の力を信じて、書き続けることによって生き続けようとしたのである。ついに、彼は友人に、万一このまま死んでしまった場合には墓石に刻んで欲しいと、

海から帰る　船人の家
山から帰る　狩人の家
思いこがれし　この家に　彼は眠れり

という鎮魂の詩を書き送らねばならなくなった。

トラジロウは生きる勇気を与えてくれる

鎮魂の詩を書くほど、生か死かという不安定な健康状態のスティーヴンスンが、ここでトラジロウを書いたとされる根拠の一つがある。

それは一八八〇年一月二十三日消印の友人宛ての手紙に、彼が書き上げ、雑誌に寄稿しようとした三作品のタイトルがあり、『ヨシダ・トラジロウ』には「生きる力を与えてくれる日本の英雄の話である」という彼自身のコメントがついている。

結婚という一縷《いちる》の望みは消えていなかったとしても、ひとかどの人物になるために挑戦し

た賭けで、彼が得たものは病気と孤独という挫折感であった。『ヨシダ・トラジロウ』は、そんな彼の、ともすれば萎《な》えてしまう心に、清新の息吹を吹きこんだにちがいない。

喀血し、オークランドの医者に結核と診断され、再び危険な状態に陥るのだが、今度はファニーが献身的に看病するのである。

心配していた彼の両親は、二人の結婚をついに許し、父トマスは「お金のことは心配するな」という電報を打つ。スティーヴンスンはこの時、父の深い愛情にあらためて感謝し、カリフォルニアで静養した後、妻子を連れて帰国することになる。

しかし、この無謀な旅の代償はあまりに高く、スティーヴンスンの身体は、二度と再びカヌーで舟旅をしたころのような健康を取り戻すことはできなかった。

不幸な女性ファニーと自分自身の、愛と自由のために、彼はユーイングの言うように玉となって砕ける道をすでに選んでいたといえるのかもしれない。

晴れて妻子をともない、エディンバラの両親のもとに帰ったスティーヴンスンは、空気の澄んだ地へ転地療養する。

その転地療養先の一つ、スコットランド高地のブレマーに滞在したときに、当時十三歳だった義理の息子を喜ばせるために書いた地図がヒントになって、『宝島』が誕生する。

名著『宝島』は、こうして生まれた

帰国後、スイスなどで療養し、再び離れ離れになっていた家族は、ブレマーで久しぶりに楽しい時を過ごしていた。

意外なことに、父トマスはファニーとウマが合い、母マーガレットも花嫁と十一歳しか違わないのに、母子を温かく迎えていた。

雨が続いたある日、ファニーの息子ロイドが地図などの絵を描きながら、退屈そうにしているのを見つけたスティーヴンスンは、一緒に遊ぶことにした。

病気がちで一人遊びが得意だった自分の子ども時代を思い出して、夢中になってロイドのために宝島の地図を描きはじめたのである。すると、測量学をおさめた彼の地図はまるで実在するかのようなリアリティを持ちはじめた。その地図の中から、次々に特異なキャラクターを持った登場人物が彼の前に現われはじめたのである。

ロイドは少年らしく、男ばかりの物語にしてくれ、と注文を出す。アイデアは溢れ出し、スティーヴンスンは一気に書いた。彼はロイド少年だけでなく、両親や妻をも楽しませようと、書きあげた一章を、身振り手振りで演じながら語って聞かせた。

スティーヴンスンは、父のために、幼いころから聞いて育った、若くして志半ばで死んだ、もう一人の曾祖父アラン・スティーヴンスンが生きていた時代を彷彿《ほうふつ》とさせる物語にしようとしていた。

つまり、舞台を西暦一七××年とし、曾祖父アランが窃盗犯を追いかけて客死した西インド諸島の地名を随所にちりばめたのだ。そうなると父トマスは、興に乗っていろいろなアイデアを出しはじめた。

一日一章のペースで十五章まで、毎日の一家団欒に『宝島』のエンターテイメントは続いた。宝島の描写には、ファニー母子との思い出の地であるモントレーの景勝地ポイント・ロボスも盛り込んだ。

スティーヴンスンがもっとも気を遣ったのは、海賊たちの日常語である悪罵の扱いであった。彼は編集者ヘンリーに、汚い言葉を使わない海賊を描くのは骨が折れるよ、でも少年たちと子どもを愛する親たちにとっては大切なことだから仕方がないと書いている。

作家にとっては苛酷な条件の下で、彼は父とロイド少年と楽しみながら、物語を凝《こ》りに凝って仕上げていったのである。

こうして、一八八三年に『宝島』が生まれ、一躍有名作家となったスティーヴンスンは、やっと父を心から喜ばすことができたのであった。

彼が続けて発表した作品の中で一八八五年『子どもの詩の園』、一八八六年『ジキル博士とハイド氏』は、『宝島』とともに彼の永遠の三大ロングベストセラーとなるのである。

しかしその翌年の一八八七年、スティーヴンスンが作家としての地位を立派に確保したことを見届けた父トマスが、六十九歳でこの世を去った。

医者から再び転地療養を促されたスティーヴンスンは、家族とともに南太平洋に旅立つことになり、彼に与えられた父の遺産三千ポンドのうち、二千ポンドを使ってサンフランシスコに停泊していた豪華帆船キャスコ号を借り切った。

未亡人となった母マーガレットとその侍女も伴って南洋の島々を巡るという大きな夢のような冒険を実現させるのであった。

文豪はなんとサモアの村長《むらおさ》になった

南洋を題材に紀行文や短篇小説を書いた彼は故郷が遠くなるにつれ、望郷の念が深まり、四十歳で一度ならず二度までも英国へ帰ろうとして、シドニーまで行った。しかし、そのたびに喀血したために、これ以上北へ向かえば命はないと予感して、熱帯の地サモア諸島のウポル島に住む決意をした。

西サモアにあるスティーヴンスンの墓

そのころ、サモアを含む南太平洋の島々は、自国イギリス及びドイツ、アメリカといった列強の国々による植民地化政策によって、それまでの島民たちの非文明的ではあるが、自然とのバランスがそれなりにとれていた生活は脅かされるようになっていた。

スティーヴンスンは島の住民になってみて初めて、白人優先、原住民蔑視、武器弾薬の提供、自然破壊など、植民地政策の行き過ぎに胸を締めつけられる思いが募った。

彼は、現状を本国のタイムズなどのジャーナリズムに真剣に訴えるようになり、ドン・キホーテと陰で笑われながらもサモアの内乱に巻き込まれていったのである。

サモアの家長制度は、日本の藩やハイランド（スコットランド）の氏族に似ているところがあり、各村長《むらおさ》の中で尊敬の称号を多く持った者が王となって島を取り仕切っていたらしいが、原住民たちを親身に面倒見ていたスティーヴンスンはいつの間にか村長のような存在になっていった。

元来、陽気で明るいサモアの人々は美しいものが好きで、花々で身を飾り、踊ったり唄ったり、自然の神に祈りを捧げたりするのが彼らの日常であった。スティーヴンスンは〝トゥシターラ（物語る人）〟という尊称を与えられ、他のすべての村長から敬愛されるようになった。

彼は原住民たちの心に報いるためにも、三国の内政干渉によって起きた村長たちの争いを何とか和睦させようと努力もしていた。

そんな中で、彼の一大傑作となっていたであろうと言われている、スコットランドを舞台にした未完の長編小説『ハーミストンのウイアー』は連れ子の娘ベルの口述筆記によって書き始められていた。

しかし、運命の日はついにやってきた。

魔女のように霊感の強い妻ファニーは、何か悪い事が起きそうだと朝から心配していたが、誰も取り合わなかった。スティーヴンスンも妻の病気がまた始まったと思った。いつものようにベルが口述筆記した。スティーヴンスンは、ベルの一人息子オースティンにフランス語のレッスンをしてやった。

「私の愛する家族の誰かに危険が迫っている。誰なの？　どうしたらいいの？」ファニーはエキセントリックにつぶやくばかりだった。

「ベッドでではなく、ブーツを履いたまま死にたい」とスティーヴンスンは常々言っていた。

妻ファニーの夕食の手伝いなどしたことのない彼が、精神不安定になっていたファニーの心をなだめるつもりか、彼女が作るサラダのドレッシングに少しずつ油を落とし始めたその瞬間、彼は頭の異変に気づき、「ドゥ・アイ・ルック・ストレィンジ？（どこかおかしいか？）」という言葉を最後にその場に頽《くずお》れ、そのまま帰らぬ人となった。

一八九四年十二月三日午後八時十分、四十四歳、脳溢血であった。

余談ではあるが、彼の名作『ジキル博士とハイド氏』の原題は『ストレィンジ　ケース　オヴ　ドクター・ジキル　アンド　ミスター・ハイド』であり、しかもスティーヴンスンは見るからにストレィンジ（一風変わった）な人物でもあり、この彼の最後の言葉は出来過ぎと言われるほどぴったりで、彼をすっかり伝説上の人物にしてしまった。

彼の遺体は遺言どおり、自宅近くのヴァエア山の頂上に埋葬された。

亡くなるほんの一、二カ月前に、原住民の人々によってトゥシターラに対する感謝のしるしとして、アピア（現在の西サモアの首都）に通じる公道と彼の家をつなぐ道がつくられ、「愛の道」と名付けられ、お祝いの宴をしたばかりであったが、彼の遺言を実現させるために、二百人以上の島の男たちが再び集まり、一晩中かけて熱帯雨林の山を伐採し、頂上までの道をつくった。

ヴァエア山の猫の額ほどの頂上に安置された彼の棺は太平洋に向けられ、遥かなる海を夜も昼も静かに眺めている。その棺には彼がサンフランシスコで友人に書き送った鎮魂の詩、

海から帰る　船人の家
山から帰る　狩人の家
思いこがれし　この家に　彼は眠れり

が刻まれた。

こうして「愛の道」は思いもかけずに、標高一三〇〇フィートの山の頂きまで延長されたのだった。

終章　スティーヴンスンが日本に残したもの

——われわれに誇りを取り戻させてくれた

高杉晋作が破り捨てた松陰の伝記

吉田松陰の死後まもなく、ある人が彼の伝記を書きはじめた。

その人の名は、同じく長州藩士で、松陰とともに鳥山新三郎の家に出入りしていた土屋《つちや》蕭海《しょうかい》という。彼は、松陰自身、しばしば添削批評をしてもらっていたほどの文章の達人であり、松陰が野山獄にいた時に、本を差し入れたりした人物であった。

ところが、だいぶ出来上がっていたのを高杉晋作が見て、破り捨てたという。

何だ！ こんなものを先生の伝記とすることができるか、ということだった。この話は本文にも登場した野村靖（少年ノムラ）が、雑誌の中で語っている。

いかにも熱血漢で、ロマンチストの高杉らしいエピソードである。しかし、土屋ほどの人物が筆を折らなければならなかったことは、たいへん残念なことであった。しかも、土屋は、維新以前に三十五歳の若さで亡くなっており、松陰について書く機会はそれきり巡ってこなかったのである。

そして維新後、野村は諸友と相談のうえ、長三洲《ちょうさんしゅう》に依頼することにした。長三洲は豊後日田《ひた》（大分県）の尊攘派で、奇兵隊に加わったこともある志士であった。彼は書画が得意であった。

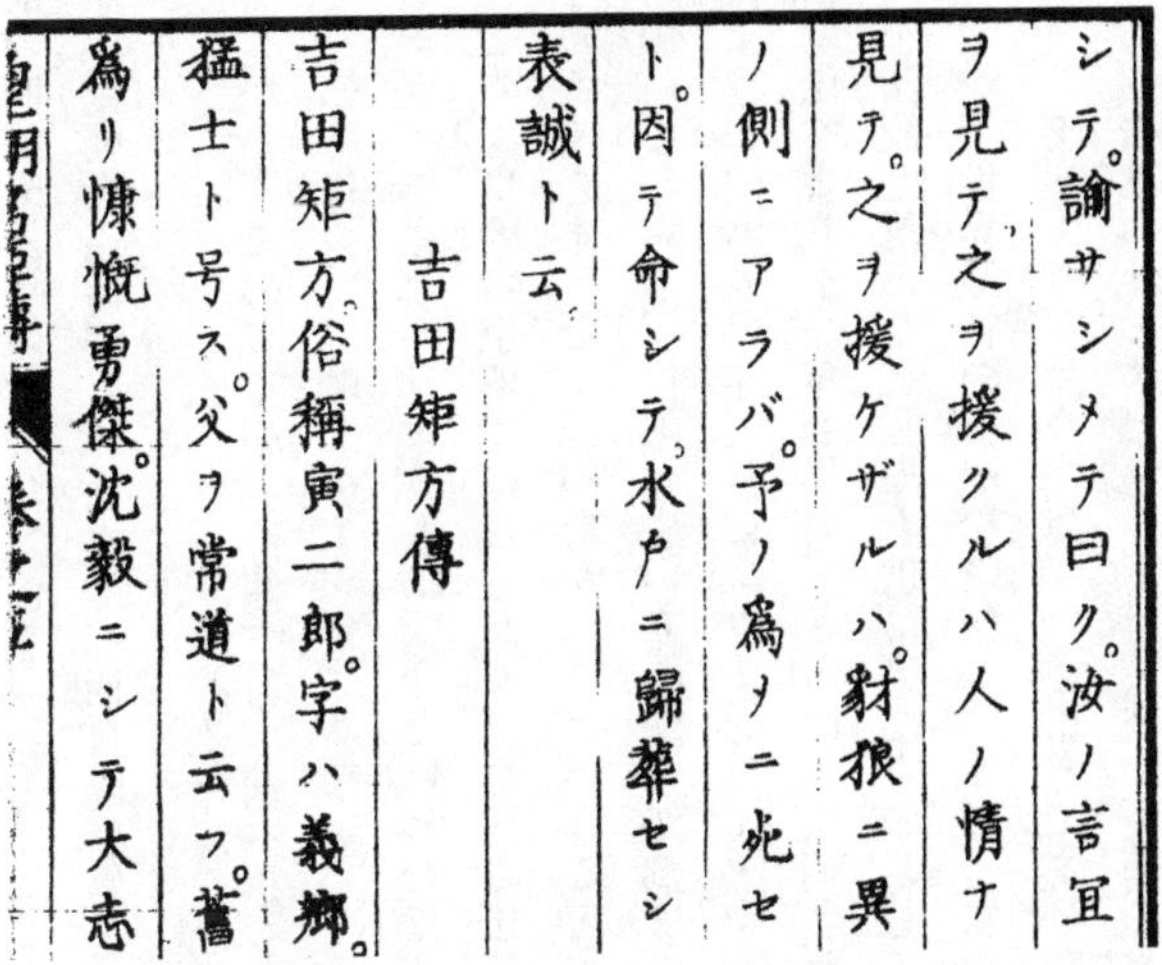

シテ諭サシメテ曰ク汝ノ言宜
ヲ見テ之ヲ援クルハ人ノ情ナ
見テ之ヲ援ケザルハ豺狼ニ異
ノ側ニアラバ予ノ爲メニ死セ
ト因テ命シテ水戸ニ歸葬セシ
表誠ト云
吉田矩方傳
吉田矩方俗稱寅二郎字ハ義卿
猛士ト号ス父ヲ常道ト云フ舊
爲リ慷慨勇傑沈毅ニシテ大志

『皇朝名臣傳』の吉田矩方（松陰）の部分

しかし、野村が持参した松陰の資料を見せると、三洲は熟考したのち、辞退してしまったのである。とうてい自分の力で、先生の神髄を伝えることなどできない、という理由であった。

その後は、松陰の伝記を書こうとする人も、また執筆を託すべき人もあらわれなかった、とすでに六十七歳になっていた野村は述懐している。

ところが、その時点ですでに、茨城県士族（水戸藩士）の野口勝一と富岡政信の共著による『吉田松陰伝』が、十七年前（一八九一）に出版されているのである。これが日本で出版された最初の松陰伝かと思っていたら、さらにその十一年前の明治十三年（一八八〇）ほんの数ページの略伝のような小伝だが、中澤寛一郎という人が『皇朝名臣傳』という本で、西郷隆盛らとともに吉田矩方《のりかた》傳を書いていたことが分かった。

しかし、この『皇朝名臣傳』は、前ページの写真にもあるように、板木《はんぎ》に彫られたもので、松陰については九ページ分しかない。今の活字にすればわずか二、三ページで終わってしまう。作品というより人物紹介といったほうが適切かもしれない。

この『皇朝名臣傳』はともかく、野村ら松下村塾の門下生であった人々は、水戸の藩士たちの著述をまったく認めなかったということであろうか。

短いながらも、松陰の生い立ちから処刑まで描かれた『ヨシダ・トラジロウ』は、前述したように一八八〇年三月に「コーンヒル・マガジン」にまず発表された。水戸藩士の『吉田松陰伝』より十一年も早い。さらに『皇朝名臣傳』は同年の九月の発行とあるので、仮にこれを伝記と認めたとしても世に出たものとしては、スティーヴンスンの『ヨシダ・トラジロウ』が、世界最初の吉田松陰伝ということになる。

『ヨシダ・トラジロウ』は、聞き書きであったため、史実と異なる部分がいくつかあるとはいえ、松陰の魂・スピリットは、彼が生前のぞんでいたように、日本という小さな国をとっくに越えて、はやばやと地球の反対側に飛んでいってしまったのである。

しかもそれは、松下村塾の最年少グループにいた正木退蔵の口を借りて、後に世界中の少年少女の心を躍らせる名作『宝島』を書くスティーヴンスンの手によって書かれることになろうとは、誰が想像しえたであろうか。

スティーヴンスンは何に感動したのであろうか

正木退蔵にしても、日本では、諸先輩を差し置いて松陰先生のことを語ることなど、とうていできなかったであろう。

しかし、ところは遥かスコットランドである。しかもたった一度の会話で、当時は無名であった青年作家が、まさか作品にするとは夢にも思わなかったにちがいない。ところが、相手は、その「まさか」が大好きな天才スティーヴンスンであったのである。同じく奇想天外な高杉晋作が、生きてこの事実を知ったならば、手をたたいて喜んだような気がしてならない。

吉田松陰は『ヨシダ・トラジロウ』の中で、いまも輝いている。

スティーヴンスンが退蔵の話から、もっとも注目していたのは、松陰の感化力のすばらしさと、それを受容できた江戸の一般庶民の潜在的教養の高さであった。

牢獄の獄卒や囚人さえ感化し、立派な人にしてしまった松陰。この松陰の感化力について、ある事実を記しておきたい。それは彼が獄中で最後に書き上げた門人たちへの遺書『留魂録《りゅうこんろく》』についてである。

『留魂録』は、万一に備えて二冊書かれていた。一冊は幕末の混乱の中で行方知れずになったと伝えられている。もう一冊が、萩の松陰神社に納められている。この現存するものは、なんと殺人容疑で松陰と同囚であった沼崎吉五郎に託されたものである。

沼崎は、三宅島に島流しとなり、赦《ゆる》されたのが明治九年（一八七六）である。当時は神奈川県令（県知事）であった三十四歳の野村靖のもとに、沼崎は『留魂録』を、人を介してやっと届けることができた。

松陰が沼崎に託してから、じつに十七年ものあいだ、彼の遺書は、囚人の懐の中でしっかりと暖められていたのである。

松陰は、教えを乞う人々に対して「教えるなどということはできませんが、一緒に学びましょう」と言っていた。彼のこの態度が、こういう事実を生んだのであろう。

コミュニケーションの達人だった松陰と文豪

スティーヴンスンの描く松陰を知ることは、じつに楽しいことであった。なぜなら、彼が友人に宛てた手紙に書いているとおり『ヨシダ・トラジロウ』は元気が出てくる話であり、私自身も勇気づけられ、血潮が燃える元にもなったからである。

松陰は神社に祀られ神となり、スティーヴンスンは文豪となり、後の世の人々にとって、およそ近づきがたい存在だが、その生き方に触れるにつれて、人間として限りなく純粋であることの共通点に心惹かれ魅了されてしまった。

彼らは純粋であるがゆえに、誰にでも分けへだてなく、彼らの深い教養をまるで陽の光のように惜しみなく人々に与えた。存在するだけで人々の心を明るくし、眠っているような魂を目覚めさせることができた。

前述したエディンバラ大学の後輩で、五歳年下の物理学者ユーイングの述懐にも、

「男であれ女であれ、他の人と一緒にいると物知り顔になったり気取ったりする人も、スティーヴンスンと一緒にいると、何かありのままになって愉快な気分になってしまうのである。それはあたかも、潜水夫が鉛の足かせをはずした時のように、彼によって心が軽くなってしまうからである」

とある。人を善意の喜びで満たしたのであろう。ユーイング自身、スティーヴンスンの作品の愛読者であったが、それ以上に彼の人柄に心惹かれた一人だとも認めている。

誠実で真摯《しんし》な魂は、人々に語り継がれることによって、永遠に生き続けることができるのかもしれない。

吉田松陰とスティーヴンスンは、コミュニケーションの達人であった。

彼らの人となりを知るために、二人にそれぞれ接した人々のコメントを少しここで引用してみたい。

弟に対するように接する——松陰の教育

「萩の家の近所の人から、久坂義助（玄瑞）さんが吉田の塾へ行くが、お前さんも行かしゃらんか」

と言われて、徒歩ではかなり遠い松本村まで行ってみると、塾には誰もいなくて、上がって待っていたら、綿服の粗末な身なりをした、目のきらきら光る人が出てきて、

「お前は本を読むのか」と聞かれて、「久坂氏を頼ってきた」と告げると、

「何、久坂を訪ねてきたのか。よし、わが輩が教えてやろう」と言って、すぐに『国史略』

の本を開いて熱心に教え始めたが、字句のことは説明せずに、文章の裏面の意味を語った。知らない文字があっても、そんなことは構わぬといったふうで、わずか十歳の洟垂《はなた》れ小僧の予に、国家の大事を説き聞かされる。

予は、あっけに取られて、この先生は奇妙な教え方をなさると思ったが、かれこれ半時あまりも、その講義を聴いているうちに、心は先生に吸い取られてしまったようになった。家に帰っても、本のことよりも先生のきらきらした眼と、火のような弁舌とが頭の中を往来して、まるで夢心地であった。

これは、松陰門下生の中島靖九郎が、彼が十歳の時に初めて松陰と出会った時のことである。（『学生』郷土偉人号「吉田松陰の松下村塾」大正元年九月）

また、楠木正成《くすのきまさしげ》や、和気清麿《わけのきよまろ》、大石良雄《おおいしよしたか》（内蔵助《くらのすけ》）といった人々の事蹟を語る時は、たとえば楠公《なんこう》になり切ってしまって感極まって、はらはらと涙を落としたという。

そんな先生だから、多感な少年たちは一語一語を電気のように感じて、身体中に沁みわたり、全身が震えるような思いがしたというのである。

おかしくも羨ましい授業ではある。

松陰は彼らに対して、弟のように接したという。

そして、わずかな贈り物でも受けた時は、ひと口に足りないくらいでも、細かく分けて門人一同に与えたという。（吉田庫三「吉田松陰」―『日本及日本人』明治四十一年十月増刊）

「ひと口に足りないくらいでも」というのには驚かされるが、これで思い出されるのは、スティーヴンスンが南海で〝トゥシターラ〟と呼ばれ、今もポリネシアの人々に愛され続けている理由を、サモアの島の人々に直接聞いてみた時のことである。

彼らは異口同音に、「彼はシェアーの人、つまり分け与えてくれる人だったから」と答えたのであった。

二人はほんとうに「醜男《ぶおとこ》」だったのか

松陰の容貌についてスティーヴンスンは、かなりはっきりと松陰ファンをがっかりさせるような書き方をしているが、本文中に記した世古格太郎『唱義聞見録』にも、「其人短小にして脊《せ》かゝみ、容貌醜く色黒く、高鼻にして痘痕あり、言語甚だ爽かにして形状温柔に見えたり」とある。

松陰の肖像でよく知られているのは、一八五九年、江戸送りの命が下った松陰に、もしもの事態を心配した門人や家族が、同門の画家松浦松洞《まつうらしょうどう》に急遽描かせたというものである。

この松陰の肖像は、二十九歳にはとても思えないほど、老成した顔に私には見える。度重なる投獄や、苦難の旅路、緊迫した状況下で、できるだけ家族や門人たちに心配をかけまいとする心労が、顔に表われていたのであろう。

実際の松陰は痘痕があり、狐目であったとはいわれているが、それが気にならないほど、良い顔をしていたのではないかと私は思う。

スティーヴンスンに関しても、似たような記述があるのがおもしろい。

友人のアメリカ人の画家ウィル・ロウは、こう書いている。

「大きく横に広がる目と、ちょっと鷲鼻で、繊細な形の鼻、スコットランド人特有の高い頬骨、ハンサムとは言えない顔だが、一度、口を開くとそのきらきらした輝く目と魂の美しさに魅了されてしまう」

また、十歳年上の未来の奥さんとなるミセス・ファニー・オズボーンも、二十五歳の彼と知り合ったばかりのころの、友人に宛てた手紙の中で、

「スティーヴンスンは、ハンサムではないけれど、彼が口を開くや否や、今までおもしろいと思っていた本よりも、彼の話すのを聞いていたくなる」と書いている。

ファニー自身、スティーヴンスンに負けず劣らずかなりユニークな人物であった。恋人に

なる以前に書いた手紙にも、魅力的だがハンサムではないという意味で「アグリ（醜い）」という言葉を使っている。また、彼が場所柄もお構いなしに突然、感涙にむせんだり、笑い出すととまらなかったりするのに困惑したりもしている。

圧倒的な共通項――友人を大切にしたこと

松陰とスティーヴンスンの面影を、彼らと接した人々の言葉から想像してみると、スティーヴンスンが、自己をトラジロウの中に投影したとしてもまったく不思議はない。

彼は、トラジロウの中に自身の過去、現在、未来を見ていたのである。

生命の危険や、親離れを含む、あらゆることに挑戦したスティーヴンスン自身のユリシーズの旅路によって、初心を貫き、ひと筋の道を歩む人物になっていった。

彼ら二人は、親に愛され、師に愛され、友に愛された。

トラジロウにしても、脱藩を覚悟した東北への旅路も、もしかしたら親離れに必要な旅だったのかもしれない。彼の両親兄妹は、トラジロウのために旅費を一生懸命工面している。

脱藩は一時的にせよ、この子ども思いの両親の期待を裏切るものであった。

彼らの人生は、この旅路から一転するのである。

二人の共通点の中で特筆すべきことは、友人を大切にしたことである。

そして、ともに早世したことで沢山の友人、知人にその思い出が語られることになった。

一方は獄にあって、獄中を「福堂」に変え、獄から獄へと移されるたびに沢山の支持者を得た。

片や病にあって、ベッドを空想のゆりかごに変え、ベッドからベッドへと転地の旅をするたびに沢山の読者を得た。

そしてまた、二人とも夥《おびただ》しい数の手紙や日記が残されたために、彼らの人生がまるで昨日のことのように時空を超えて伝わってくるのである。

しかし、トラジロウの悪筆は牢獄という緊迫した悪条件の中でのことだが、スティーヴンスンもまた、ベッドの中で書いていた原稿は友人の編集者しか読むことができなかった。

松陰は獄に繋がれたために、またスティーヴンスンは、長い旅路の空の下で、お互いに唯一のコミュニケーションの手段として、手紙を書かざるをえない状況にあったということも、奇妙な共通点なのかもしれない。

師に寄り添うように、永遠に眠る人たち

罪人として処刑された松陰の亡骸は、尾寺新之丞、飯田正伯、桂小五郎、伊藤利助らが遺骸受け取りに奔走し、小塚原《こづかっぱら》の常行庵に葬った。

後に高杉晋作が中心となって、伊藤や、白井小助《しらいこすけ》、赤禰武人《あかねたけと》、山尾庸三《やまおようぞう》らとともに罪囚墓から掘り起こし、荏原《えばら》郡若林村の大夫山《だいぶやま》、通称〝長州山〟(現在の世田谷区若林)に改葬した。これが後に東京の松陰神社となった。

松陰の遺骸を抱きあげた彼らの脳裡に一瞬、ある思いがよぎったかもしれない。それは、松陰の直接行動の一つであった間部《まなべ》要撃策、つまり老中間部をあのとき討っていれば、安政の大獄を未然に防ぎ、恩師の命も易々とは討ち取られなかったものを……。

雑木林を背にした神社の墓地に、松陰を真ん中にして、向かって左に来原良蔵、福原乙之進《ふくはらおとのしん》、右に松陰とともに小塚原で掘り起こされた小林民部少輔《こばやしみんぶしょうゆう》と頼三樹三郎の質素な墓石が粛然として居並んでいる。

同じ敷地には、安政の大獄に連座した烈士の墓碑がある。そして遺言によって、野村靖とその妻の墓もある。

中谷正亮、綿貫次郎輔《わたぬきじろすけ》、来原良蔵の妻の墓もある。松陰の小さな墓を中心にまるで皆が師

松陰神社（東京・世田谷区）墓所

に寄り添うかのようにして眠っているのである。

萩市内の松陰の生家跡である護国山《ごこくやま》には、道を隔てたすぐ傍にこぢんまりとした墓地があり、松陰の前髪を葬ったとされる墓が一族の人々に囲まれ、墓石には「松陰二十一回猛士《もうし》墓」と、本人が望んだとおりに刻まれていた。

その墓には、高杉晋作や久坂玄瑞の墓が松陰に寄り添っている。

樹木の垂れこめた、陽の光の入らない静かな小さな墓地ではあるが、どの墓も松陰とともに萩の城下町を遠く見て、その向こうの日本海のほうに向いている。

スティーヴンスンのほうは、一族が眠

る北のエディンバラではなく、遥か南の島で最愛の妻ファニーとともに、太陽の光り輝く中、星降る夜空の下で山の頂きから西サモアの首都アピアを見下ろし、棺を南太平洋に向けて永遠の眠りについている。

アメリカの作家ジャック・ロンドンは、スティーヴンスンの南太平洋の航路をたどって船旅をし、サモアのヴァエア山に登り、墓参りをしている。そして「私が墓参りをしたいと思った作家は、スティーヴンスンしかいない」と書いている。

カリフォルニアのシルヴェラード博物館は、スティーヴンスンに関連する品々のコレクション約八千点を所蔵、一部展示している。そこには、ジャック・ロンドンがサモアで見つけて購入したスティーヴンスン家の美しい洋食器が飾られている。

ロンドンだけでなく、南太平洋を旅する多くの作家は、必ずといっていいほど、スティーヴンスンの墓参りをするといわれている。

松陰が「山宅」と呼び、女流俳人菊舎が「樹々亭」と名付けたという小さな屋敷跡に立つと、萩の町や湾が一望できる。

不思議なことにエディンバラのフォース湾が霞んで見える坂の上のスティーヴンスンの家からの眺めとよく似ているような気がした。

松陰もスティーヴンスンも、幼い頃このパノラミックな海、山、河のヴィジョンの中で、城下町を眺めながら育ったことに、さらなる共通点を見出せるのだ。

松陰の実家はもともと城下にあった。それが大火で焼け出され、町を見下ろす護国山の団《だん》子巖《ごいわ》に移り住まなければならなくなった。国を護る山という名の地に生まれた松陰は今、その山の神に優しく抱かれ、愛する父母のもとで安寧を得て、護国の山の土となっているのである。

世界でも類のない獄中教育の一大成果

山口県立図書館を訪ねた時、私は前述の上野氏から山口県史編纂室の明治維新部会の川口雅昭先生（現・人間環境大学教授）をご紹介いただいた。

私は、スティーヴンスンの人生と松陰の人生とを重ねながら、いくつかの質問を試みた。

「松陰は、もともと自分自身は人の好き嫌いが激しい性格であったが、自分でそれを直すように心がけた、という記述を読んだことがあります。それにしても、どうしてあのようにすべての門下生に心遣いをし、どんな人にも、それがたとえ罪人であっても優しく接することができたのでしょうか」

川口先生は、じつは、これはおそらくあまり人に知られていないことなのだが、と前置きして「松陰の末弟の敏三郎は生まれた時から唖者だったために、松陰は何かにつけて弟を庇《かば》い大切にした、そんなところからも、どんな人も大事にする心が芽生えていたのではないか」とおっしゃった。

後で調べてみると、確かに弟は生来聾唖《ろうあ》であったが家庭教育によって文字を理解できるようになり、松陰東送の命が下った時、家族との別れに臨んで弟にも「詠名詩為弟敏三郎」という漢詩を遺していた。このあまり知られていない事実に、さらに松陰の心の深さを思った。

しかも、入獄してから獄囚たちを何人も更生させて、士分の者の獄にあった十二名のうち、出獄後の松陰の運動によって獄から八人が放免されていて「世界でも類例を見ない獄中教育の一大成果だ」という。

松陰の啓蒙の凄さと、とことんまで面倒を見る思いやりの深さを改めて得心したのである。

そして、松陰がわずかな時間で人々を教育し得たのは、教えることではなく、一緒に学ぼうとした彼の姿勢にあったのではないかともう一度感じたのである。

松陰の先進的な平等精神

ところで、松陰は女性に対して、どのように考えていたのであろうか。女性の私としては気にかかるところである。

一度も恋愛さえしなかったと思われる彼だが、母滝に頼まれて妹たちの女子教育のことを考え、一族の婦女子のために「武家女鑑《ぶけおんなかがみ》」などを講義し、「婦女の道」を書いたりしている。また四十三歳で敵《かたき》討ちを果たしたものの、当時の差別されていた女性登波《とわ》を、松下村塾に止宿させたりしたことがあり、藩から「驚嘆すべき狂気の沙汰」と言われたりもしていた。

そして、被差別部落の人と交際しただけで野山獄の女囚となっていた一回《ひとまわ》り年上の未亡人高須久子《たかすひさこ》とは、獄中で俳諧のやりとりをして、心を通わせた。

彼の書簡には「凡《およ》そ生を天地間に稟《う》くる者、貴となく賤となく、男となく女となく、一人の逸居《いっきょ》すべきなく、一人の教《おしえ》なかるべきなし。然《しか》る後初めて古道に合ふと云ふべし」とあり、女子どもや社会の弱者に対して、平等の精神を持っていたことが分かる。

松陰は江戸時代に女子教育の必要性を説いた数少ない人の一人でもあったのである。

彼はスティーヴンスンに劣らず大変な情熱家であったのに、生涯童貞であったことは疑う余地もないが、その多感な青春時代、自然に湧いてきたであろう肉体的欲求に対して、精神の高潔であった彼はどう対処したのか疑問であった。

その点を、私は川口先生に率直にお尋ねした。

驚くべきことに、先生は「どうもそんな時には、腕から血を抜くようなことをしたのではないか……」とおっしゃるのだ。

しかし、このことは昔、何かの文献で読んだことがあるような気がするだけで、不確かなことだと断っていらっしゃったのだが、松陰ならこれくらいのことはやりそうな気がして、私の松陰のイメージ像の中に鮮明に記憶されてしまった。

自己犠牲、無私の人の、究極の自制心――。

事実かどうか分からないにしても、こんなことが考えられる人、徹底して己に厳しくできた人は、やはり神社に祀られても不思議はないと、また妙なところで感心をしてしまったのだった。

何が彼らを支えたのだろうか

「なぜ、どうして……」という驚きだけで、私はスティーヴンスンの『ヨシダ・トラジロウ』に興味を抱いた。そして、尊敬する吉田松陰により近づき、彼ら二人の魂の遍歴の旅路を追い続けた結果、単なる好奇心を満たしただけにとどまらず、日本人の一人としての誇り、自覚を促されることとなった。

実際、私たちはスティーヴンスンの言うように、「彼（松陰）の人生と体力と時間のすべてを捧げて、ついには命をも投げ打ってまで得ようとしたものは、今日の日本が広く享受し、大いに恩恵に浴しているものであることを忘れてはならない」のである。

『ヨシダ・トラジロウ』は、『人物と書物に親しむ』というエッセイ集に収められ、この本は父のトマス・スティーヴンスンに捧げられている。しかし、スティーヴンスンの生涯を語る本の多くは、この父子の長い間の確執に触れ、不仲であったと書かれているものが少なくない。

灯台建築技師という家業を継がせ、聖書に沿った生活習慣を強いる旧世代の父、ヴィクトリア朝末期の社会に充満していた宗教家の偽善的生活や物質主義に偏った社会の腐敗を直視し、古い慣習にとらわれずに自然と芸術を愛し自由に生きようとする、新しい時代の旗手でもあった息子、この対立は、産業革命が終局を迎えていた時代が直面し、抱えていた新旧の葛藤のひとつでもあったのである。

子どもの時は素直でかわいかったのに、長じてからは自分と同じように頑固で言うことを聞かない、芸術家かぶれの繊細な放蕩息子になってしまったその息子が、ついに無神論を唱え始めた時、激怒しながらも父トマスは、迷える子羊を救わんとして、忍耐強く息子と宗教論議を闘わし改心させようと努力した。

そのために精神的に追いつめられ、心身ともに衰弱してしまった息子スティーヴンスン。しかし、私はエディンバラの文学館に展示されていた、父トマスがスティーヴンスン一歳の時に買い求めた素朴で小さな薄い詩の本『子どものための神と教えの詩歌』を眼にした瞬間、この父の息子に対する並でない深い愛の眼差しを感じた。

息子スティーヴンスンが作家になることをあれほど反対したトマスだったのに、実はトマス自身、最もロマンチックな男であったのかもしれない。

神と神の教えをめぐって父子は長い間、家庭内宗教戦争を空しく繰り返し、お互いに傷ついたが、結局、息子も自己の内に崇高なる神の存在を認めて、晩年にはトゥシタータ一族のために見事な祈りの言葉を書き綴り、南の島ではまるで牧師のように神に近づく日々を送った。

ブラントンが任期中に完成した灯台

	等級	都道府県	建築		等級	都道府県	建築
本牧	燈船	神奈川	木造	石廊埼	五等	静岡	木造
樫野埼	二等	和歌山	石造	案乗埼	四等	三重	木造
潮岬	一等	和歌山	木造	釣島	三等	愛媛	石造
神子元島	一等	静岡	石造	鍋島	四等	香川	石造
伊王島	一等	長崎	鉄造	菅島	四等	三重	煉瓦
佐多岬	一等	鹿児島	鉄造	犬吠埼	一等	千葉	煉瓦
剱埼	二等	神奈川	石造	白洲	五等	福岡	木造
函館	燈船	北海道	木造	弁天島	燈竿	北海道	木造
友ヶ島	三等	和歌山	石造	納沙布岬	燈竿	北海道	木造
江埼	一等	兵庫	石造	御前埼	一等	静岡	煉瓦
和田岬	四等	兵庫	木造	烏帽子島	二等	福岡	鉄造
天保山	四等	大阪	木造	角島	一等	山口	石造
部埼	三等	福岡	石造	横浜港西	燈竿	神奈川	木造
六連島	四等	山口	石造	羽根田	四等	東京	鉄造

ほかに尻屋崎（青森）と金華山（宮城）があるが、任期中には完成しなかった

子供の頃に父から受けた愛の光は、最後まで消えることはなかったのである。

スティーヴンスンの父が設計した灯台

明治初年の日本の大灯台は建築美を備え、しかも構造は完全で、今日の評価にも立派に耐えるものであるという。

私は、千葉県銚子市にあるスティーヴンスン兄弟社が基本設計した犬吠埼《いぬぼうさき》灯台を訪ねてみた。それは、祖父ロバートのベル・ロック灯台を彷彿とさせる美しい灯台であった。

その灯台の入口には、次のような説明が書かれていた。

『犬吠埼灯台はヘンリー・ブラントンの設計、施工監督のもとに明治七年十一月十五日

に完成点灯しました。煉瓦造りのこの灯塔は、設置以来百余年の歳月に耐え、日本有数の高塔としてその威容を誇っています。昭和六十二年十二月九日、灯塔外部に補強工事が実施され現在にいたっています。

位置　北緯　三十五度四十二分十七秒
　　　東経　百四十度五十二分十九秒
塗色及び構造　白色　円形　レンガ造
灯器及び灯質　第一等　閃白光　毎十五秒に一閃光
光度　二百カンデラ
光達距離　十九・五海里（約三十六キロメートル）
高さ　地上〜頂部　三十一・三メートル
　　　水面〜灯火　五十一・八メートル

この灯台が百年以上の歴史の中で、数多くの船人の命と貴重な財貨を人知れず救ってきたであろうことを想うとき、これからも夜毎美しい光を沖行く船に投げ掛け続けるよう祈念するものであります。　社団法人　燈光会』

ブラントンは「横浜のまちづくりの父」であるだけではなく、「日本近代灯台の父」とも呼ばれている。

当時の設計図のほとんどは消失してしまっている。また、スティーヴンスン兄弟社は、灯器など最先端の技術機器はそれぞれの灯台に合わせて設計したが、灯塔の基本設計は建設資材をできるだけ現地のものを探し出して調達するように指示し、状況に応じて適宜変更できるように考慮していたために、すべてがブラントンの功績になってしまった。

しかし、スコットランドの近代灯台の歩みが、スティーヴンスン・ファミリーのエンジニアの歴史でもあることを知ってしまうと、ブラントンが建てた207ページの表にある三〇基の灯台すべてに、最も大切な灯器などの基本設計をしたスティーヴンスンの名が記されていないことは、ちょっと残念な気がしてならない。

下田を見つめる最古の石造りの灯台

一九九八年の調べで、灯台は全国に五三二八基ある。自動化されてはいるが、いまも船人の生命を守り続けて、年間八億七百万トン（平成九年度貨物の取扱量、海上貿易輸出入の総量、内約一億トンが輸出―運輸省海上交通局）にも及ぶ日本の財貨を守ってくれている。

そして、日本全国で歴史的、文化的価値評価の高い日本の灯台二三基のうち、実に一三基がスティーヴンスン兄弟社の基本設計、ブラントン設計施工のものである。

特に石造りとしては日本に現存する最古の灯台である神子元島《みこもとじま》灯台は、奇しくも松陰が渡航に失敗したあの下田湾沖合の岩礁の上に建設されており、百三十年を経た現在も機能しつづけている。

相模灘と遠州灘の怒濤が険しい絶壁に激しく打ち寄せるこの孤島は、下田湾を出入りする船舶にとって昔からの難所であったという。

この岩礁上の灯台をとおして、パークス、トマス、ブラントン、藤倉、木戸といった人々のつながりが生まれ、神子元島はスティーヴンスンにとっても縁浅からぬ灯台となった。

訪れてみると、やはり、スティーヴンスン・ファミリーの灯台の雰囲気を持つこの灯台は、平成九年（一九九七）には、国際航路標識協会が全世界において、歴史的価値の高い灯台百基を選んだ際に、その一基にも選ばれている。

その昔、ベル・ロック灯台に文豪スコットが訪れたように、神子元島には歌人若山牧水《わかやまぼくすい》が訪れていた。

犬吠埼の灯台に立つと、水平線がぐるりと円周上に見え、地球が丸いというのがよく分かる。

現存する日本最古の石造り灯台・神子元島《みこもとじま》

スティーヴンスンの健康状態がもう少しよかったならば、南太平洋から足を延ばして、日本の太平洋沿岸にズラッと並ぶ犬吠埼、石廊埼《いろうざき》、神子元島、御前埼《おまえざき》、潮岬《しおのみさき》、菅島《すがしま》といったスティーヴンスン・ファミリーの息のかかった灯台を目指して、日本にやってきた可能性もあった。そして、松陰や退蔵の故郷、山口県にある角島《つのしま》灯台にも立ったかもしれない。

時代は変わり、高層建築物を見慣れた私たちの目には、三十一・三メートルの白い灯台はかわいらしくさえ見える。しかし、夕刻、空が薄闇へと暮れゆくころ、灯台に灯が点る。すると突然、その姿はにわかに大きく変身する。

優雅でロマンチックな美しい灯台が生き生きとした巨大なダイヤモンドを頭上高くに掲げて空中に浮かんで見えたのだ。

私は遥か天空のスティーヴンスン父子を想い浮かべ、更に偉大な曾祖父トマス、祖父ロバートを想い起こした。

時空を超えて、感謝したい（あとがきに代えて）

彼らの情熱の結晶である夜空に浮かぶ宝石のような灯台の光は、音もなく回転しはじめ、広大な海原に銀色に輝く道を創り出した。

その光の道を、一人行く痩せた若者がこちらを微かに振り向き微笑んだような気がした。

そのやさしい横顔は誰あろう、獄の中で正座していたあの人ではないか。

ヨシダ・トラジロウ……。

私は思わず呟《つぶや》いた。

あっという間に、彼の姿は光とともに水平線の彼方へと消えた。

しかし、また次に巡ってきた光の中に松陰の後を追うようにして、次から次へと若き志士たちの後ろ姿が銀色に光り輝く道に現われては消えて行った。

濃紺色の空と海の狭間で、海（世界）を愛する男たちのロマンがキラキラと煌《きら》めいているように、私には思われた。

ところで、実は意外なことに父トマスは『人物と書物に親しむ』の中に、『ヨシダ・トラジロウ』を収めることに反対した。誰もが知っている人物の評伝の中で、松陰のみが無名だという理由で。だが、それだけでなく、日本の新政府の仕事をしていた関係上、一夜の聞き書きで間違いが生じることを心配したのかもしれない。しかし、父の反対を押し切ったこの本の扉には、こう書かれている。

　世界中の至る所で、あなたが考案した
　素晴らしい灯台の光は、
　いまもますます明るく光り輝き、
　海を照らす。
土木技師　トマス・スティーヴンスンへ

この本を、愛情と感謝の気持ちをこめて捧げます。

著者である息子より

松陰が密航に失敗した下田沖の海を照らしているのは、父たちが設計した灯台。失敗を恐れぬ息子は、失敗の達人『ヨシダ・トラジロウ』を収めた本の扉に、こう書きたかった、書かずにはいられなかったのではなかろうか。

さて、私は今、『ヨシダ・トラジロウ』でスティーヴンスンが指摘した江戸の日本人が持っていた潜在能力を見直したいと思っている。

日本が鎖国を解いた時やって来た外国人は、一般庶民の礼儀正しさ、誠実さ、清潔さ、識字率の高さ、明るい屈託のない笑顔、鍵の要らない暮らし（治安の良さ）に驚いた。

当初ペリーは「半野蛮の国」といったが、その頃の日本は、よその国を大砲で脅すような野蛮さは持ち合わせていなかった。

世界は開国した日本に注目し、その洗練された文化に魅了されてヨーロッパの人々の間ではジャポニスムが流行した。

スティーヴンスンは、『宝島』で得たお金で北斎の浮世絵を買っている。やっと妻子を養える作家になったばかり。自立できたお祝いに、記念として手に入れたものかもしれない。外国の人々から高い評価を得た日本の芸術・文化は、長い日本の歴史の中で培われてきた日本人の美質が産みだしたもの、その目に見えない美質こそがどれほど価値のある宝物か、『宝島』の作者は改めて気付かせてくれた。

勉学の志さえあれば、身分や年齢に関係なくエリート教育をした松陰。

物質主義が行詰まり閉塞感のある社会を打ち砕くには、私たちのＤＮＡに秘められたこの美質こそが役に立つのではなかろうか。

いつの時代もこの美質を備えた者が人材となる。

スティーヴンスンが描いたサムライ松陰の心の気高さ、無私の心は、瀕死の作者に生きる力を与えたようだが、めぐり巡って今度は私たちを元気にしてくれるような気がする。

少なくとも彼は私の中に眠っていた無知の力を目覚めさせてくれた。

日本に来たこともないのに日本を愛してくれた文豪。それだけでも松陰が知ったら泣いて喜んだことだろう。

彼を児童文学の棚にとどまらせず本来あるべき位置に戻そうと、二〇〇〇年からイタリアのミラノ大学主催で国際学会も開かれるようになり、本格的な研究も始まっている。

彼は一生自分自身の財産を持たなかった。持てるものはすべて父から与えられた家さえ妻の名義ならといって受けたくらいである。結婚によって夫は妻の財産すべてを自分のものにした時代に。

そして晩年のサモアでの暮らしぶりはまるで「サモアの松陰」さながら。彼が生涯「無私の人松陰」を理想として生きたような気がするのは、私が女性で日本人だからであろうか。

いきいきとした青年学者トラジロウとの出会い、神として祀られた遠い存在の教育者松陰を、まるで兄弟か友のような近い存在にしてくれた。

その本を求める旅路で、親切な人々との出会い、そして今こうして、この本を読み終えてくださった読者との出会いまで与えてくれたスティーヴンスン、松陰と退蔵、そして彼らと縁を結ぶすべての人々に、十九世紀から二十一世紀まで時空を超えて感謝したい。

よしだ　みどり

主要参考文献

『R. H. Brunton 日本の灯台と横浜のまちづくりの父』 横浜開港資料館編集 １９９１ （財）横浜開港資料普及協会
『移民百年の年輪』 川添善市著 １９６８ 移民百年の年輪刊行会
『岩倉使節団「米欧回覧実記㈢」〔全５冊〕』 田中彰校注 １９９７ 岩波書店
『日本燈台史１００年の歩み』 海上保安庁灯台部編 １９６９ （社）燈光会
『布哇日本人發展史』 森田榮編 １９１５ 眞榮館
『明治期灯台』 海上保安庁灯台部工務課
Familiar Studies of Men and Books, Robert Louis Stevenson, Chatto and Windus, Piccadilly, London, 1882
Records of A Family of Engineers, Robert Louis Stevenson, Tusitala Edition, 1924
Travels with a Donkey in the Cevennes, Robert Louis Stevenson, The Heritage press, New York, 1957
At Scotland's Edge: A celebration of two hundred years of the lighthouse service in Scotland and the Isle

of Man, Keith Allardyce and Evelyn, M. Hood, Harper Collins Publishers, 1996
Bright Lights: The Stevenson Engineers 1752-1971, Jean Leslie and Roland Paxton, Privately Printed, Edinburgh, 1999
I Can Remember Robert Louis Stevenson, Rosaline Masson, W. & R. Chambers, Ltd., Edinburgh, London, 1922
The Letters of Robert Louis Stevenson: Vol. 1-Vol. 8, Bradford A. Booth and Ernest Mehew, Yale University Press, New Haven and London, 1994-1995
The Lighthouse Stevenson, Bella Bathurst, Harper Collins Publishers, 1999
The Prose Writings of Robert Louis Stevenson, Roger G. Swearingen, Archor Books, Hamden, Conn., 1980
『吉田松陰における教育実践の性格』　川口雅昭著　中国四国教育学会　教育学研究紀要Ｎｏ37　１９９１
『佐久間象山　横井小楠』　責任編集　松浦玲　中央公論社「日本の名著」　１９７０
『通信の開拓者たち』　市場泰男著　さ・え・ら書房　１９６６
『日本人とイギリス』　今井　宏著　筑摩書房　１９９４
『吉田松陰』　一条明著　あかね書房「嵐の中の日本人シリーズ」　１９８４
『維新の先覚　吉田松陰』　山口県立山口博物館編集　㈶山口県教育会　１９９８
『松陰先生と松陰神社』　東京松陰神社社務所　１９９７

主要参考文献

『日本及日本人』　臨時増刊―吉田松陰号―野村靖談　政教社　1908
『松陰先生の少年時代』　金原善三郎著　合資会社　赤心社書店　東京目黒分店　1915
『日米交流のあけぼの―黒船きたる―』　東京都江戸東京博物館　1999
『新訂　歴代中国史精講』　星川清孝著　学燈社　1975
『吉田松陰全集』　第十巻　山口県教育会　代表者斎藤彦一　岩波書店　1936
『童謡詩人　金子みすゞの生涯』　矢崎節夫　JULA出版局　1993

お世話になった方々
アイリーン・マカエア、
赤池　幹、石井丈夫、
出野和夫、イレイン・グレイグ、
服部久恵、尾形征己、
志田好恵、末永秀人、
田原教子、堤　哲、
飛田紀久子、早川信夫、
肥田喜左衛門、日野原重明、
ベッツィ・サカタ、
松永常一、南丘喜八郎、
モニカ・ハドスン、安田裕幸、
横川節子、横田　一、
横山明美、芳野才利、
渡部武史、エドモンド・レイノルズ

★読者のみなさまにお願い

この本をお読みになって、どんな感想をお持ちでしょうか。祥伝社のホームページから書評をお送りいただけたら、ありがたく存じます。今後の企画の参考にさせていただきます。また、次ページの原稿用紙を切り取り、左記まで郵送していただいても結構です。

お寄せいただいた書評は、ご了解のうえ新聞・雑誌などを通じて紹介させていただくこともあります。採用の場合は、特製図書カードを差しあげます。

なお、ご記入いただいたお名前、ご住所、ご連絡先等は、書評紹介の事前了解、謝礼のお届け以外の目的で利用することはありません。また、それらの情報を6カ月を超えて保管することもありません。

〒101―8701（お手紙は郵便番号だけで届きます）
祥伝社新書編集部
電話03（3265）2310
祥伝社ホームページ　http://www.shodensha.co.jp/bookreview/

キリトリ線

★本書の購入動機（新聞名か雑誌名、あるいは○をつけてください）

＿＿＿新聞の広告を見て	＿＿＿誌の広告を見て	＿＿＿新聞の書評を見て	＿＿＿誌の書評を見て	書店で見かけて	知人のすすめで

★100字書評……知られざる「吉田松陰伝」

名前

住所

年齢

職業

よしだみどり

東京生まれ。日本テレビの幼児教育番組『ロンパールーム』の司会を1969年から４年間担当。スティーヴンスンの生涯を描いた『物語る人』（毎日新聞社）で平成12年度「日本文芸大賞　伝記・翻訳新人賞」受賞。著書はほかに、スティーヴンスンの英和対訳絵本『子どもの詩の園』（白石書店）、金子みすゞの和英対訳絵本『睫毛の虹』（JULA出版局）など。近著に翻訳本『セレンディピティ物語』（藤原書店）。

知《し》られざる「吉田松陰伝《よしだしよういんでん》」
――『宝島』のスティーヴンスンがなぜ？

よしだみどり

2009年９月５日　初版第１刷発行

発行者……………竹内和芳
発行所……………祥伝社しょうでんしゃ
〒101-8701　東京都千代田区神田神保町3-6-5
電話　03(3265)2081(販売部)
電話　03(3265)2310(編集部)
電話　03(3265)3622(業務部)
ホームページ　http://www.shodensha.co.jp/
装丁者……………盛川和洋
印刷所……………堀内印刷
製本所……………ナショナル製本

Printed in Japan　ISBN978-4-396-11173-1　C0221